NOTICE GÉNÉALOGIQUE

SUR LA

FAMILLE PAPIN

Son Existence ancienne, sa Noblesse
Ses Alliances, ses Illustrations

DENIS PAPIN

NICOLAS PAPIN et ISAAC PAPIN

Extrait de l'Ouvrage

VIE ET ŒUVRES DE D. PAPIN

PAR

L. DE BELENET

OFFICIER D'INFANTERIE

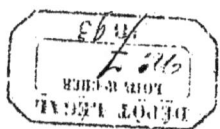

PRIX : 3 FRANCS

BLOIS

Imprimerie C. MIGAULT et Cᵉ, rue Pierre-de-Blois, 14

MDCCCLXXXXIII

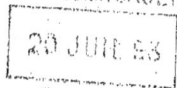

NOTICE GÉNÉALOGIQUE

SUR LA

FAMILLE PAPIN

NOTICE GÉNÉALOGIQUE

SUR LA

FAMILLE PAPIN

Son Existence ancienne, sa Noblesse
Ses Alliances, ses Illustrations

DENIS PAPIN
NICOLAS PAPIN et ISAAC PAPIN

Extrait de l'Ouvrage

VIE ET ŒUVRES DE D. PAPIN

PAR

L. DE BELENET

OFFICIER D'INFANTERIE

BLOIS
Imprimerie C. MIGAULT et Cᵉ, rue Pierre-de-Blois, 14
MDCCCLXXXXIII

Cette Notice est tirée de l'Ouvrage

VIE ET ŒUVRES DE DENIS PAPIN

Dont l'impression comprenant 8 gros volumes sera terminée en Avril 1894.

Le prix de l'ouvrage pour les souscripteurs seulement est de :

10 fr. le volume, papier de luxe, tiré à 470 exemplaires.

20 fr. le volume, papier vergé de Hollande, tiré à 20 exemplaires (1).

3o fr. le volume, in 4°, texte encadré, papier vergé de Hollande, tiré à 10 exemplaires (2).

(1) Il reste encore 10 exemplaires disponibles.
(2) Il ne reste actuellement qu'un seul exemplaire disponible.

A LA

VILLE DE BLOIS

PATRIE DE D. PAPIN

NOTICE

GÉNÉALOGIQUE

SUR LA

FAMILLE PAPIN

ÉTABLIR, d'une manière certaine, la généalogie de Denis Papin, pour rattacher le grand inventeur, aux différents Papin connus dans le Blésois dès le xiv⁰ siècle, et présenter depuis ce moment une filiation non interrompue et complète de sa famille, est un problème que je n'ai pas l'intention de résoudre. Les registres de baptême et les obituaires de cette époque ont eu trop à souffrir des pillages amenés par les guerres civiles et religieuses, et les lacunes de 1374 à 1589 sont trop nombreuses pour espérer, même plus tard, combler complètement ce vide ; toutefois chaque jour amène de nouvelles découvertes, et toute incomplète que soit la généalogie que je présente ici, elle servira à classer les documents nouveaux que mettront au jour le zèle des chercheurs et le dépouillement plus complet des registres communaux.

Pendant les xive, xve et xvie siècles, nous trouvons constamment des membres de la famille Papin : les uns sont procureurs des comtes de Blois, d'autres, greffiers du baillage, d'autres encore, greffiers ou commis-greffiers de la Chambre des Comptes ; c'est d'ailleurs un Jehan Papin qui a signé comme greffier, un des actes les plus intéressants pour l'Histoire de Blois : la rédaction des coutumes du comté en 1523 (1).

Voici quelques-uns des actes où il est fait mention des membres de cette famille :

« Sachent tous que Je Jehan PAPIN, procureur à Chartres,
« de mon très cher et redouté seigneur, Monseigneur le
« comte de Blois, confesse avoir eu et reçeu de Jehan
« DESCHAMPS, receveur de mon dict seigneur, par la main de
« honorable homme et discret maître Jehan de SAINT-
« GOUBAIN, procureur du dict Monseigneur le Comte, cin-
« quante sols tournois pour ma pension du terme de Noël
« dernier passé desquels. . . . . je me tiens a tousjours mais
« payé et en quitte le dict Monseigneur le Comte, son dict
« Procureur et Receveur et tous ceux à qui quittance se peut
« et doit appartenir. Donné en temoin de ce sous mon scel
« le 12 jour de mars 1374. »

Scel presque effacé (2)   (Non signé de Papin).

_____

(1) Ce manuscrit a pendant 30 ans fait partie de la collection de M. L. de la Saussaye, membre de l'Institut, il appartient actuellement à la bibliothèque de la Ville.

(2) Ce scel est probablement le même que celui dont se servait au xvie siècle Denis Papin, receveur des Comtes de Blois et dont les émaux sont effacés.

De. . . . . à un chevron de. . . . .

Bibliothèque Nationale. — Fonds Joly de Fleury. — Pièces originales 2191 (Registre in-folio Paparoni à Paquinton).

Autre quittance semblable de 5o sols tournois pour le terme de Noël, la ditte quittance donnée par Jehan Papin naguère procureur à Chartres :

« Sachent tous que Je Jehan Papin .... mon scel le « 10 jour de février 1375 (pour 1376. »

        Scel effacé.

Bibliothèque Nationale. — Même provenance.

En 1397, Jehan Papin reçoit avec d'autres manants de la ville de Blois, un pouvoir étendu du lieutenant-général du baillage.

Ancienne collection La Saussaye.

Une charte de 1398 nous montre Jehan Papin, procureur de Louis, duc d'Orléans et comte de Blois :

« 9 février 1397-1398. »

Lettres patentes du roi Charles VI ordonnant au bailli de Chartres de suspendre pendant un an le jugement de toutes causes qui étaient pendantes au moment de la mort du dernier comte de Blois et qui intéressaient les droits du comté, afin de donner le temps au duc d'Orléans récemment entré en possession du comté de Blois de prendre connaissance de ces procès et de se mettre en mesure de les suivre.

En conséquence de ces lettres, le bailly de Chartres sur la demande de Jehan Papin, procureur du duc d'Orléans, comte de Blois, ordonne que les causes resteront en état pendant le délai prescrit.

La sentence est datée du lundi 25 février, premier jour des assises de Chartres.

Bibliothèque Communale de Blois. — Archives Joursanvault, n° 100 du supplément.

« … Sachent tous que je Jehan PAPIN, procureur à
« Chartres de Monseigneur le duc d'Orléans, comte de
« Bloys, confesse que maître Philippe GAUBERT, procureur
« du Dunois me bailla, piéça xv sols tournois lesquels je ay
« baillé pour faire l'adjournement et exploit pour Monsei-
« gneur, contre Jehan de Cloye, c'est à savoir : au clerc
« du baillage x. s. t. à James de la ROUAREDIÈRE, sergent,
« v. s. tournois. Tesmoing mon seing manuel (*sa signature*)
« mis en ceste cedule le mercredi xxi jour d'octobre l'an mil
« iiiie et cinq. »

Signé : J. PAPIN.

Bibl. Nationale, Fonds Joly de Fleury, 2191.

LE 6 MAI 1411. — Quittance par Jehan PAPIN et autres à
Félix Bejois, receveur general du domaine du comté de
Blois de la somme de 11 livres 16 sous 4 deniers qui lui
étaient dus pour les ouvrages specifiés dans « les lettres
« de certification scellées de Robert Avisart, maître des
« œuvres du comte de Blois audit comté. »

Signature de Huet Jamet, notaire à Blois.

*Bibliothèque communale de Blois, n° 125 d'une collection
de pièces anciennes achetées en 1867.*

EN 1516, Jehan PAPIN était greffier du baillage de Bloys.
C'est en cette qualité, comme nous l'avons dit plus haut,
qu'il signa la rédaction des Coutumes du comté de Blois,
du 13 au 23 avril 1523. (Le manuscrit est signé PAPIN).

Bibl. communale de Blois, achat de septembre 1887.

EN 1516, le même où un autre Jehan PAPIN fut greffier de
la Chambre des Comptes de Blois, je n'ai pas retrouvé
l'acte de sa nomination, mais la première fois qu'il est
mentionné comme commis greffier, c'est dans un acte du
16 mai 1538 :

« ...Jehan PAPIN, commis du greffier de la Chambre des
« comptes du Roy, Notre Syre, à Blois..... »

*Journal de la Chambre, kk, 902, f^{ol} 14°, v°. — Archives
Nationales.*

Le greffier était alors Simon Burgensis, qui n'exerçait pas
lui-même, étant médecin du Roy.

« Du JEUDI xxe jour d'aoust dudit an mil V^cXLV.

« Ce jourdhuy, pour le rapport qui a été fait en la
» Chambre, de la maladie de maistre Jehan PAPIN, commis-
« greffier, de la ditte Chambre, lequel est détenu de fiebvre
« continue, a esté ordonné, substitué, et commis par la ditte
« Chambre, Pierre Albert, pour enregistrer les actes de la
« ditte Chambre, durant la maladie dudict PAPIN. »

Archives Nationales, kk, 902, f^{ol} 237, v°.

Jean PAPIN dut mourir de sa maladie, car Pierre Albert
resta toujours greffier de la Chambre des Comptes.

En dehors de François PAPIN et de ses descendants dont
nous allons parler plus loin, plusieurs actes de la même
époque, c'est-à-dire du commencement et du milieu du
XVIe siècle, font mention de personnes portant le nom de
Papin.

Nous citerons seulement ici ces actes, en attendant que la
découverte de nouvelles pièces nous permette de relier entre
eux ces différents Papin qui font sûrement partie de la même
famille.

LE 4 MARS 1551. — Il est fait question de Marie PAPIN,
comme marraine de Anne, fille de Pierre PRÉVOST, avocat
à Blois.

Archives de l'État-Civil de Blois. — Paroisse Saint-Honoré (1).

LE 20 JUILLET 1551. — Baptême de Marie, fille de Anthoine PAPIN, procureur à Blois et de demoiselle Marie, sa femme, parrain Jehan VELLA (2), joueur de vielle de la chambre du roy ; marraines, Claude, femme de François LE VASSEUR, rebec du roy et Rose PAPIN, femme de Gilbert RACCAULT.

(Même provenance).

LE 7 AVRIL 1555. — Le dict jour, fut baptisé Jehan, fils de Gillebert RACAULT et de Rouze PAPIN, sa femme. Les parrains, maître Jehan BELLA, chantre de la chambre du roy et maître François FIRET, avocat à Blois ; marraine, Margueritte MENARD, fille de Philippe MENARD.

LE 8 MAI 1557. — Le 8 dudict mois, a été baptisée Jeanne, fille de Gillebert RACCAULT et de Rouse PAPIN, sa femme. Le parrain, maître Jehan BOURDIN, chanoine en l'église collegiale de MM^rs Saint-Jacques de Bloys. Les marraines, Jehanne PERRIER, veuve de feu Guillaume MAILLARD, escuyer de cuisine de chez le roy et Katherine POMMIER, femme de Laurent LE BLANC, tailleur de feu Monseigneur le Mis de Rothelin.

LE 20 MARS 1556. — On cite comme marraine Bonne CUPER, fille de Anthoine PAPIN.

(1) Je dois à l'obligeance de M. de Croy, ancien Élève de l'École des Chartes, un grand nombre de renseignements sur ce sujet, M. de Croy s'étant donné la peine de dépouiller entièrement les *Archives de Saint-Honoré*, pour trouver des renseignements sur les Papin et les Pelloquin.

(2) Dans différents actes de la même époque, on lit : Jehan BELLA, chantre de la chambre du roy (7 avril 1555) ; (42) Jean DE BELLE, joueur de violon de la chambre du roy (69) ; Jean DE BELLA (136) ; Jean DU BELLAC, joueur d'instrument de la chambre du roy.

LE 7 NOVEMBRE 1556. — Le VIIe jour du dict mois, fut baptisée Bonne, fille de Paul COUPPER et de Bonne PAPIN, sa femme. Le parrain, Hemery SALVIATY; les marraines, Marie le VASSEUR, Marie ESGUIER.

LE 10 NOVEMBRE 1557. — Le Xe jour du dict mois, fut baptisé Paul, fils de Paul CUPPER et de Bonne, sa femme. Les parrains, Guillaume de la PLAINE et Charles VANDEIX (?); la marraine, Jehanne, femme de BLANCHART.

LE 28 NOVEMBRE 1558. — Le XXVIIIe jour du dict mois, fut baptisée Suzanne, fille de maistre Paul CUPPER, orrelogeur, et de Bonne, sa femme.

LE 1er JUILLET 1559. — Bonne PAPIN, femme de Paul CUPPER, est citée comme marraine de Jeanne DUBOUT.

LE 8 DÉCEMBRE 1559. — Le VIIIe jour de décembre 1559, fut baptisée Margueritte, fille de maistre Paul CUPPER, orlogeur, et de Bonne PAPIN, sa femme. Le parrain, maistre Gilles VAUQUIER, horlogeur. Les marraines, Jeanne MOREAU, femme de SIMON, et......... femme de JEHAN, tailleur d'habillement de Monseigneur.

LE 22 JANVIER 1561. — Le XXIIe jour du dict mois ce que dessus fut baptisée Elisabeth, fille de maistre Pol COUPER, orrelogeur, et de Bonne, sa femme. Le parrain, Arnoult JACOB; les marraines, Jeanne, femme de............

LE 19 AVRIL 1553. — Il est fait mention de Jehanne PAPIN, femme de Claude BLANCVILLAIN, greffier du baillage de Blois, comme marraine de Magdeleine LEMOINE, fille du sergent au baillage de Bloys.

LE 26 JUILLET 1558, il est également fait mention de Jehanne PAPIN, femme de Claude BLANCVILLAIN, comme marraine de Claude DABIN.

Quittance d'Estienne PAPIN donnée à Jacques Girard, receveur général des finances de la reine mère, passée devant Langlumé, notaire royal à Orléans, pour 8 livres 10 sols 6 deniers comptés au rôle de l'écurie de la dite dame, d'octobre dernier passé, « *pour la dépense de bouche et nourriture d'un grand levrier d'attache durant le dict mois.* »…. Le 12 Janvier 1560 (1561).

Le 18 Mars 1569. — Le 18 mars a esté baptisée Catherine, fille de Pierre Guernon (en marge Guesnon) et de Charlote Papin, sa femme. Le parrain, honorable homme et sage maistre Pierre Prévot, advocat au siège présidial de Bloys ; les marraines, dame Guillemette Desert, femme de noble homme Denis Chereau, contrerolleur de la maison du Roy et de Monseigneur le duc d'Anjou et de Bourbonnais, et Françoise Lorat, femme de maistre François Puserole, procureur au siège présidial de Bloys.

Le 10 Aout 1573. — Il est fait mention de Françoise Papin, veuve de Roland de la Benesse, verdurier (?) du Roy de Pologne, comme marraine de Raphaël fils de Gervais du Chardu et de Perrine le Gast.

Le 22 Mai 1575. — Sulpice Papin, procureur au palais de Bloys, est cité comme parrain.

Le 9 Mai 1570. — Le VIIIe jour du dict mois, fut baptisée Florimonde, fille de René Pelloquin, cordouannier, et de Margueritte (nom en blanc), sa femme. Le parrain, Guillaume, fils de René de Boufflers, paticier du Roy ; les marraines, Florimonde, fille de honorable homme maistre Jehan Papin, medecin du Roy, et Hélène, fille de François Pelletier, apothicaire de Monsieur, frère du Roy.

Ont signé : Guillaume de Boufflers, Florimonde Papin.

En résumé, nous trouvons au commencement du xvie siècle un très grand nombre de Papin que nous n'avons pu rattacher entre eux :

Jehan PAPIN, procureur du Roy en 1505.

Jehan PAPIN, greffier du baillage en 1523.

Jehan PAPIN, commis-greffier de la Chambre des Comptes en 1538.

Marie PAPIN, fille de......... en 1551.

Anthoine PAPIN, procureur du Roy en 1551.

Marie PAPIN, sa fille, née le 20 juillet 1551.

Rose PAPIN, femme de Gilbert RACCAULT, en 1551.

Jean RACCAULT, né le 7 avril 1555.

Jeanne RACCAULT, née le (121) 8 may 1557.

Bonne PAPIN, fille d'Antoine PAPIN, en 15.. (lequel ?).

Ladite Bonne PAPIN a plusieurs enfants de Paul CUPPER :

Bonne CUPPER, née le 7 novembre 1556.

Paul CUPPER, né le 10 novembre 1557.

Suzanne CUPPER, née le 28 novembre 1558.

Margueritte CUPPER, née le 8 décembre 1559.

Elisabeth CUPPER, née le 22 janvier 1561.

Estienne PAPIN dont il est fait mention le 13 janvier 1561.

Jehanne PAPIN, femme de Claude BLANCVILLAIN, greffier au baillage de Blois en 1553 et en 1558.

Charlotte PAPIN, femme de Pierre GUESNON, 1569.

Catherine GUESNON, leur fille, née le 18 mars 1569.

François PAPIN, veuve de ROLAND DE LA BENERRE, 1573.

Jehan PAPIN, médecin du Roy en 1570.

Florimonde PAPIN, sa fille, en 1570.

Sulpice PAPIN, procureur en 1575.

Il suffirait d'un acte de naissance de cette époque pour mettre à leur place tous ces membres de la famille Papin ; les actes de cette nature, au XVIᵉ siècle, donnent presque tou-

jours deux et quelquefois trois générations. Malheureuse-
ment les registres de Saint-Honoré, les plus anciens de ceux
qui se trouvent aux archives de l'état-civil, ne commencent
qu'en 1551 pour les naissances, et en 1602 pour les mariages
et les décès; et encore pour ces derniers registres, on ne
possède que l'analyse sommaire des actes de mariage sans
les renseignements généalogiques qui devraient s'y trouver.

LES PAPIN ET LES PELLOQUIN

MENUISIERS DU ROY

L'acte de baptême de Denise Papin, fille de François Papin et de Simone Pelloquin est ainsi conçu :

Le xive jour d'août (1568) Denise fille de François Papin, menuisier de Monsieur frère du Roy, et de Simone Pelloquin sa femme, fut baptisée. Le parrain, Pierre Maussainct, clerc d'écriture, les marraines, Simone Le Roy, veuve de Pierre Pelloquin, menuisier dudict seigneur, et Jehanne Chousteau femme de Victor Chousteau, menuisier du Roy.

Archives de l'État-Civil. — Paroisse Saint-Honoré, tome 1.

Parmi de nombreux actes de baptême que nous citerons plus loin, prenons les deux suivants qui sont sur la même page du registre de Saint-Honoré et qui sont ainsi libellés :

Le ve dudict mois (Novembre 1503) fut baptisée Françoise, fille de Jehan Genet et de Jehanne sa femme. Le parrain, François Gaulthier, tondeur de grande force, les marraines, Marie Pelloquine et Marie, femme d'Anthoine Papin.

Le vi^e dudict mois fut baptisé Claude, fils de honorable homme Nicolas Pelloquin, contrôleur ordinaire des guerres.

Ont esté ses parrains M. Claude Blanvillain (1), greffier du baillage de Blois et noble homme Nicolas Pelloquin et dame Florimonde Musset, femme de noble homme maître Jacques Fleury, seigneur de Villetrun.

Ces trois actes sont bien suffisants pour prouver quels étaient les nombreux liens de parenté entre les Papin et les Pelloquin, même avant le mariage de François Papin, menuisier du Roy, avec Simonne Pelloquin; d'ailleurs nous retrouvons toujours des membres de ces familles comme parrains et marraines aux baptêmes des membres de ces familles.

De plus, si nous parcourons les registres de Saint-Honoré de 1520 à 1574 nous ne trouvons guère comme menuisiers du Roy ou de Monsieur, frère du Roy, que des noms se rattachant très directement à ces familles :

Pierre Pelloquin, menuisier de Monsieur, frère du Roy.

François Papin, menuisier de Monsieur, frère du Roy, épouse Simone Pelloquin.

P. Gombault, menuisier du Roy, épouse Johanne Pelloquin.

Jean Moreau, menuisier du Roy, est parrain de Andrée Pelloquin.

Nicolas Chantepie, menuisier du duc d'Orléans, épouse Simone Pelloquin.

Simonne Le Roy est veuve de Pierre Pelloquin, menuisier de Messieurs, frères du Roy.

Nicolas Chousteau, menuisier du Roy, est parrain de Denis Papin.

Nous serions donc tout d'abord portés à croire que les

(1) Me Claude Blancvillain avait épousé Jehanne Papin qui était probablement la fille de Jehan Papin, greffier du bailliage de Blois, 30 ans auparavant.

familles Papin et Pelloquin étaient des familles d'artisans du
xvie siècle. Mais en même temps sur lés mêmes registres
nous trouvons :

Jehan Pelloquin, secrétaire de la Reine mère.

Noble homme Nicolas Pelloquin (probablement père du
contrôleur).

Nicolas Pelloquin, contrôleur ordinaire des guerres.

Jacques Pelloquin, médecin.

Nicolas Pelloquin, médecin.

Claude Pelloquin, trésorier de Chambord.

Jehanne Pelloquin, femme d'Olivier de la Saussaye.

Et afin que l'on ne nous objecte pas que ce sont là les
membres de deux familles distinctes, faisons remarquer que
dans le premier acte de baptême que nous allons citer nous
trouvons comme parrain et marraine Jean d'Alesso (qui
épousa plus tard Marie de la Saussaye, fille de Jean de la
Saussaye), et Rose de Baillon, femme de Jehan de la Saussaye, IIe du nom, ce qui rattache bien Jeanne Pelloquin,
femme d'Olivier de la Saussaye, IIe du nom et mère de
Jehan de la Saussaye, à Simone Pelloquin, femme de François
Papin ; la même constatation est facile à faire pour les
autres.

Pour les Papin que nous trouvons constamment au xive et
au xve siècles occupant des charges au baillage et au comté,
que nous voyons sceller de leur scel des quittances d'ap-
pointements et que nous retrouverons plus tard Receveurs
généraux des Domaines du Comté, la constatation est plus
facile encore ; nous concluerons donc que les familles Papin
et Pelloquin n'étaient pas des familles d'artisans, mais des
familles dont parmi les membres plusieurs occupaient déjà
des positions distinguées, tandis que d'autres qualifiés de

menuisiers du Roy, de M^r frère du Roy, ou du duc d'Orléans étaient de véritables artistes employés sans doute à exécuter ces beaux travaux et ces belles sculptures que nous sommes heureux de retrouver aujourd'hui.

Comment en effet donner le nom de maçon ou de menuisier aux habiles ouvriers dont les travaux sont non seulement admirés encore aujourd'huy mais servent souvent de modèles aux artistes de notre siècle de lumière. Comment ne pas rappeler ici que Blois, *villa amœna fontibus...* était également la patrie des arts et des artistes, que c'est de cette cité que sortaient des libraires comme L'Angelier, des ébénistes comme Boulle alors que cent *horlogeurs* (1) faisaient des montres et des émaux dont les rares échantillons atteignent aujourd'hui des prix si élevés.

Travailleurs et artistes, les membres de ces familles surent plus tard acquérir des positions plus élevées et lorsque, après quelques années, les PAPIN deviendront Contrôleurs des eaux et forêts et Receveurs des comtes de Blois, leurs fils, qu'ils s'appellent Nicolas, Isaac ou Denis, se rappelleront les traditions de la famille et éterniseront le nom qu'ils auront porté.

Voici les différents actes, tirés des *Archives de Saint-Honoré,* qui m'ont paru utiles pour établir la parenté des Papin et des Pelloquin, la position sociale des membres de ces familles et leurs liens de parenté avec les menuisiers du roy et de M^r frère du roy.

---

(1) Bonne PAPIN était la femme de Paul CUPPER de cette célèbre famille d'horlogeurs blésois.

PIERRE PELLOQUIN Menuisier du Roy

1. Le premier jour de Novembre (1551), fut baptisé Toussaint, fils de Pelloquin et de Symonne, sa femme. Les parrains, Jehan d'Alesso, conseiller du roy et maître de ses Comptes, à Blois; Guillaume Beliard, contrôleur en la maison de Monseigneur le Dauphin. La marraine, Rose de Baillon, femme de Jehan Saulsaye, seigneur des Vaulx.

1. Le 6 dudict mois (mars 1552), a esté baptisée Katherine, fille de Pierre Pelloquin, menuisier de M^r le Dauphin. Les parrain et marraines, Jehan Davalleau, poste du Roy, N. S. à Blois, Katherine..... et Marie Somme, femme de Jacques des Vertvs, chevaucheur ordinaire de l'écurie du Roy.

3. Le 24 Septembre 1562. — Mention de Symonne, veuve de Pierre Pelloquin, menuisier de Messeigneurs.

4. Le 15 Aout 1567. — Mention de Symone Le Roy, veuve de Pierre Pelloquin, menuisier dudit seigneur (Monsieur frère du roy).

5. Le 22 Juin 1520. — Mention de Catherine Pelloquin, fille de Pierre Pelloquin, que nous avons vu naître en 1550, comme marraine de Catherine Guérin.

NICOLAS PELLOQUIN, Contrôleur des guerres

1. Le 3 du dict mois d'Avril (1551) après Pâques, fut baptisée Anne, fille de Nicolas Pelloquin, contrôleur des guerres, et Barbe, sa femme. Le parrain, maistre Claude de Dorne, seigneur du dict lieu de Dorne; les marraines, demoiselle Anne de la Rue, femme de Monseigneur le

trésorier d'Espagne, et Jacquette le Voys, dame de la Massionnère.

2. LE 6 DU DICT MOIS (NOVEMBRE 1553) fut baptisé Claude, fils de honorable homme Nicolas Pelloquin, contrerolleur ordinaire des guerres. Ont été ses parrains, maistre Claude BLANCVILLAIN, greffier du baillage de Bloys (dont la femme était Jehanne PAPIN) et noble homme Nicolas Pelloquin, et dame Florimonde MUSSET, femme de noble homme maistre Jacques FLEURY, seigneur de Villetrun.

JACQUES PELLOQUIN, MÉDECIN

1. LE 16 AVRIL. — Mention de Jacques PELLOQUIN, médecin, comme parrain de Michel DUFOUR.

2. LE 28 DU DICT MOIS (SEPTEMBRE 1553) a été baptisée Marie, fille de maistre Jacques PELLOQUIN, et Marie BOURDES. Le parrain, maistre Nicolas PELLOQUIN, médecin; les marraines, Catherine PELLOQUIN et Isabeau BOURDES.

3. LE 22 JUIN 1570, il est fait mention de cette Marie PELLOQUIN, fille de Jacques Pelloquin, comme marraine de Catherine GUÉRIN.

4. LE 9ᵉ JOUR DU DICT MOIS DE JUIN (1554), fut baptisée Margueritte, fille de maistre Jacques Pelloquin, médecin, demeurant à Bloys, et de Marie BORDES, sa femme. Le parrain Claude PELLOQUIN, trésorier de Chambord; les marraines, Pierrette Gendre, veuve de Pierre Pelloquin, et Marie BORDES, veuve de Nicolas MORIN.

5. LE 25 DU DICT MOIS (SEPTEMBRE 1555), fut baptisée Margueritte, fille de maistre Jacques Pelloquin, médecin à Blois, et de Marie BORDAYS, sa femme. Le parrain, François BOUCHERON, marchand, résidant à Bloys; les mar-

raines, Marie Rouyn, femme de Georges Gueret, et Margueritte Texier, femme de Julien Mone.

6. Le xiiiᵉ du dict mois (Février 1556), fut baptisée Florimonde Pelloquin, fille de honorable homme maistre
Jacques Pelloquin, médecin, et de Marie, sa femme. Le
parrain, maistre........; les marraines, Marie de Lorin
et Florimonde Bange.

7. Le vᵉ du dict mois (Aout 1558), fut baptisée Marguerite,
fille de Jacques Pelloquin et de Marie Bourdoys. Parrain,
Pierre Guérin, marchand; marraines, Marguerite Bourdoys et Jacquette Morin.

8. Le xviiiᵉ jour du dict mois (Novembre 1560), fut baptisé
Hyppochrate, fils de honorable homme maistre Jacques
Pelloquin, médecin. Les parrains, honorables hommes
maistres Alexis Goddon, docteur en médecine, et Pierre
Lebeau, aussi docteur en médecine. La marraine, Gene-
viève de Bauger, veuve de deffunt Noël Chastre, en son
vivant apothiquaire du Roy.

9. Le iii Mars (1563), fut baptisé Pierre, fils de honorable
homme maistre Jacques Pelloquin, docteur en médecine,
et de Maryé, sa femme. Parrains honnestes hommes Pierre
Pelloquin, marchand, et Pierre Chiconeau, marchand
teinturier. La marraine, Jehane Pelloquin, femme de
Guillaume Guérin, marchand drapier.

CLAUDE PELLOQUIN, Trésorier de Chambord

Le 9 Juin 1554, il est cité comme parrain de Margueritte
Pelloquin.

(Sur Claude Pelloquin et ses provisions, voir Félibien
(maisons royales), et suppression de son office après sa mort

2

par lettres patentes de Charles IX. (La Saussaye, *Histoire de Chambord.*)

PIERETTE GENDRE, veuve de Pierre Pelloquin

Le 9 Janvier 1554, elle est citée comme marraine de Margueritte Peloquin.

MARGUERITTE PELLOQUIN, femme de Loys le Ber.

Le 5 Septembre 1574, elle a signé comme marraine au baptême de Jane Hadou.

ANDRÉ PELLOQUIN, Sergent royal a Blois

Le xxiii Mars. — Baptême de Pierre Pelloquin, fils de André Pelloquin, sergent d'armes et de Marie, sa femme. Le parrain maistre Pierre............. femme de maistre Claude................

Le penultième jour du dict mois (Décembre 1556), fut baptisée Andrée, fille de Andrée Peloquin et de Marie, sa femme. Le parrain, Jehan Moreau, menuisier du Roy; les marraines, Jehanne Forget et Marie Dauger, femme de Jehan Lemoigne.

Le 1er Avril 1557. — Baptême de Anne, fille de André Pelloquin, sergent royal à Blois, et de Marie, sa femme.... marraines, Dydo Marchant et Claude Musset.

JEHAN PELLOQUIN, Secrétaire de la reine mère

Le 23 Mars 1752, au baptême de Jeanne Jouanneau le parrain est Jehan Pelloquin, secrétaire de la Reine mère; les marraines Jeanne Boucher et Jehanne Guillaube.

JEHANNE PELLOQUIN, femme de Pierre Gombaut

Le 16 Novembre 1559, elle est citée comme marraine de
Jacquette Bridon, fille de Bridon, valet de chambre de
Monseigneur de.......... Parrain, Jacques Gombaut,
.... de Monseigneur de Montmorency ; les marraines, Marie, femme de........... de la chambre de
Monseigneur de...... .., et Jehanne Pelloquin, femme
de Pierre Gombaut.

Le 16 Juin 1551. — Baptême de Jacques, fils de Pierre Gombault, menuisier du Roy, demeurant en la ville de Bloys,
et de Jehane Pelloquin. Les parrains, Ra...... de Blois,
et.......... du Roy ; la marraine, Jehanne, femme de
Claude de.......... du Roy.

Le 25 Mai 1553, fut baptisé Jacques, fils de Pierre Gombaut, menuisier et de Jehanne Pelloquin. Parrain, nobles
hommes Jacques Allard, enquesteur en cette ville de
Bloys, et René le Moyne, advocat au palais de Blois ; la
marraine, dame Jacquette le Fuzelier, femme de Mʳ du
Pré, segretaire de la chambre du Roy.

Le 19 Mars 1569, fut baptisée Françoise, fille de Pierre Gom-
bourt, menuisier, et de Jehanne Pelloquin, sa femme.
Le parrain, noble homme Loys de Villebresme, sieur de
Mons ; les marraines, demoiselle Françoise Viard, femme
de noble homme Jehan Seigneuret, receveur du domaine
de Bloys et Loyse de Villebresme, femme de noble
homme Hᵉ Mᶜ Simon Riolle, lieutenant général du comte
de Bloys.

Signé : de Villebresme, Loyse de Villebresme, François
Viart.

Le 14 Novembre 1571, baptême de Pierre Gombaud.

Simone Pelloquin, femme de Nicolas Chantepie, menuisier du duc d'Orléans

Le 25 Aout 1562, baptême de Charles, fils de Nicolas Chantepie, menuisier du duc d'Orléans. et de Symone Pelloquin, sa femme. Parrains Symon le Blanc, chirurgien du Roy et L. Perdriau) valet de garde-robe du duc d'Orléans, marraines, Simonne, femme de Jean Moreau, Sr de Coliére.

MARC PELLOQUIN

Le 26 Février 1563 fut baptisé Pierre, fils de Marc Pelloquin...... et de Marie, sa femme.....

RENÉ PELLOQUIN

Le 9 Mai 1570, fut baptisée Florimonde, fille de René Pelloquin, cordouannier, et de Margueritte, sa femme. Le parrain, Guillaume, fils de René de Boufflers, paticier du Roy. Les marraines, Florimonde, fille de honorable homme Me Jean Papin, médecin du Roy, et Hélène, fille de François Pelletier, apothicaire de Monseigneur, frère du Roy.

Le 2 Mars 1572. — Baptême de Gabrielle, fille de René Pelloquin et de Margueritte, sa femme. ... La marraine Jehanne Pelloquin, femme de Pierre Gombault.

Le 2 Juin 1573. — Baptême de Pierre, fils de René Pelloquin et Margueritte, sa femme. Parrains, Pierre Gombault et A. Bridoux ; marraine, Catherine Gombault.

Nous retrouvons encore :

Katherine Pelloquin, veuve de Charles Bertault, citée comme marraine :

Le 29 Juin 1552 au baptême de Pierre du Pont, fils de maistre Claude du Pont, advocat à Bloys.

Le 11 Décembre 1562, au baptême de Catherine Lass...., fille de Las..., greffier de Monseigneur le premier des Maréchaux et de son.......

Nicolas Pelloquin, médecin, et Catherine Pelloquin, parrain et marraine de Marie Pelloquin, le 28 septembre 1552.

Marie Pelloquin, marraine avec Marie, femme d'Anthoine Papin, le 5 novembre 1553.

Simone Pelloquin, qui signa comme marraine au baptême de Isabelle..... le 13 novemàre 1574.

Sans nous astreindre à conserver ici la généalogie de la famille Pelloquin, nous nous contenterons de reproduire ici la mention suivante qui nous montre ce qu'était devenue une partie de cette famille deux cents ans plus tard.

Le 9 Février 1714. — Extraits d'actes d'état-civil d'où il résulte :

1° Que Jacques Pelloquin, prêtre, bachelier de Sorbonne, et directeur du Séminaire de Notre-Dame-du-Puy-en-Velay, y était décédé le 17 avril 1708 et avait été inhumé dans cette église cathédrale, le lendemain.

2° Qu'il avait laissé pour seuls héritiers Jacques Pelloquin, son fils, conseiller du Roy, juge au siège présidial de Blois, et sa sœur, Jeanne Pelloquin, non mariée.

Signature de deux notaires de Paris, qui ont fait et collectionnés ces extraits authentiques (1).

(1) N° 260 du Catalogue d'une collection de pièces anciennes, achetées en 1867.
Bibliothèque communale de Blois.

GÉNÉALOGIE PAPIN

I. FRANÇOIS PAPIN

FRANÇOIS PAPIN naquit en 1525 et est, dans plusieurs actes, qualifié de bourgeois de Blois et de menuisier de Monsieur frère du Roy.

Quelle était sa religion ? Si l'on s'en rapporte aux actes de baptême de ses enfants, il était catholique puisque ses enfants ont été baptisés dans cette religion à la paroisse Saint-Honoré, ce n'est que plus tard que nous le trouvons comme témoin dans les actes de la religion protestante.

Actes de l'État-Civil de la religion prétendue réformée.

Il épousa en 1565 Simone PELLOQUIN.

On ne connaît pas la date de leur mort, on sait seulement par leur présence à différents actes, qu'ils vivaient encore, le mari en 1608 et la femme le 13 août 1611.

De ce mariage naquirent :

A. DENISE PAPIN.

LE 14ᵉ JOUR D'AOUT 1568, Denise, fille de François PAPIN, menuisier frère du Roy, et de Simonne PELLOQUIN, sa femme, fut baptisée. Le parrain, Pierre MAUSSAINCT, clerc d'écriture (1), les marraines, Simonne LE ROY, veuve de Pierre Pelloquin, menuisier dudict seigneur, et Jehanne CHOUSTEAU, femme de Nicolas CHOUSTEAU, menuisier du Roy.

(Signé Maussainct). .

B. JACQUES PAPIN, qui suit.

C. ANNE PAPIN.

Du 8 AOUT 1575 a été baptisée Anne, fille de François Papin et Symone Pelloquin, les parrains, Guillaume PER-DRIAU, marchand de Bloys, les marraines, Anne LE ROY, femme de Jacque PERDRIAU et Marie LENFANT, femme de François GIRAUD, sommelier de la Reine Mère du Roy.
(Ont signé Perdriau, Leroy, Marie Lenfant et Coutry, prêtre)
Archives de la Ville, paroisse Saint-Honoré, tome III, p. 16.

D. JEAN PAPIN.

LE 4 SEPTEMBRE 1577, baptême de Jean, fils de François Papin et Simone Pelloquin, marraine, Françoise le BEAU, fille de noble homme Jean LEBEAU, docteur en médecine.

E. MARGUERITE PAPIN.

LE XXV° JOUR DUDICT MOIS (juillet 1587) a été baptisée Marguerite PAPIN, fille de François Papin, menuisier et de Simone PELLOQUIN, son épouse. Le parrain a été, honnète homme Claude GUYOT, les marraines, honnêtes filles Rebecca EDENYM et Françoise de la NIONNIÈRE.

F. HENRY PAPIN.

Baptême du 23 Novembre 1589 avec Madeleine PELLOQUIN, comme marraine.

Henry PAPIN sieur de la ROBINIÈRE, marchand horlogeur à Blois, épousa au temple Marie PAUVERT, le 20 avril 1614.

---

(1) Dans d'autres actes Pierre Mauclerc est cité comme Président au Palais de Blois. .

(Acte de mariage du 20 Avril 1614. — Greffe des protestants).

Marie PAUVERT mourut le 12 novembre 1668 après son mari dont elle était déjà veuve en 1658, comme il en est fait mention dans un acte de cette époque.

Henry PAPIN est qualifié de noble homme dans plusieurs actes de l'état-civil ; il eut de son mariage :

    1° François PAPIN DE LA ROBINIÈRE, né le 8 mai 1618.

    3° Marie PAPIN DE LA ROBINIÈRE, née à Blois, le 7 septembre 1622.

Marie Papin épousa le 22 juillet 1635, Charlemagne BELLAY (1), seigneur des Bois, conseiller et chirurgien ordinaire du Roy, puis contrôleur des domaines des comtes de Blois. Elle mourut veuve le 22 décembre 1668 après avoir donné le jour à seize enfants (2).

    1. Marie BELLAY, née le 2 juin 1639, épousa le 13 janvier 1664 Abel MAUPAS, seigneur des Noues, capitaine de cavalerie.

    2. Charlemagne BELLAY, né le 22 juillet 1640.

    3. Jacques   —   né le 7   avril   1642.

    4. Nicolas   —   né le 17   juillet   1643.

    5. Henry   —   né le 29 novembre 1644,

---

(1) J'ai trouvé sur les Bellay l'acte suivant :

Le XXVIᵉ jour du dict an que ci-dessus (Février 1575) a esté baptisé Charlemagne, fils de Jacques Bellay et sa femme. Les parrains, Charlemagne Bellay, chirurgien barbier à Bloys, et A. Gousset.. ... à Bloys ; la marraine, Anthoinette, femme de Nicolas Bourot.

(Ont signé : Bellay, Gousset, Jarry (prêtre).

(S. Honoré, tome III, folio 5 verso).

(2) Quelques-uns de ces renseignements sont pris dans la *Famille Papin*, par L. Belton et F. Bournon, Blois, imp. Marchand, 1880.

docteur en médecine, épousa Louise Courtiou, dont il eut :

Louise Bellay, née le 18 septembre 1675, morte le 29 juillet 1679.

Marie-Anne Bellay, née le 13 novembre 1676.

Catherine Bellay, née le 9 juin 1679.

6. Anne Bellay, née le 27 mai 1646, et mariée le 8 septembre 1683 à Henry Rou, ministre à Lorges dont elle eut Henry Rou, né le 24 juin 1680.

7. Françoise Bellay, né le 3 septembre 1647, se maria le 8 septembre 1643 à Daniel Poirier, marchand à Mer.

8. Charlemagne II Bellay, né le 19 Avril 1649, lieutenant des chirurgiens de Blois (acte de 1676), avait épousé le 2 juillet 1673 Elisabeth Chesnon, et en eût :

a. Charlemagne Bellay, 11 avril 1674.

b. Salomon — 11 mars 1676.

c. Henry — 13 mai 1683.

9. Jacques Bellay, né le 29 avril 1650.

10. Denis — né le 25 juillet 1651.

11. Catherine — née le 20 janvier 1654, mariée le 19 avril 1683 à Gaspard Pajon, sieur des Guillonnières (1) dont elle eut Catherine Pajon,

(1) J'ai pris ce renseignement dans la *Famille de Papin* par Louis Belton et Fernand Bournon. Cela ne concorde pas avec les indications recueillies sur Gaspard Pajon sieur de la Guillonnière qui, né le 12 juin 1642, mourut le 11 janvier 1682, après avoir eu sept enfants de son mariage avec Sara Chesnon. Voir *Généalogie de Pajon*, P. Jendefenne, n° 4.

née le 16 mars 1684. Deux autres de ses filles, Marie et Elisabeth abjurèrent le Calvinisme dans l'église des Nouvelles-Converties, le 4 août 1700.

12. Abel   BELLAY, né le 28 mars 1655.
13. Elisabeth —   née le 22 juillet 1656.
14. Pierre   —   né le 21 avril 1658.
15. François —   né le 4 octobre 1659.
16. Paul   —   né le 17 février 1663.

II. JACQUES PAPIN

J ACQUES PAPIN naquit en 1570, devint contrôleur des eaux,
forêts et domaines des Comtes de Blois.

Voici quelques-uns des actes qui nous ont été conservés à
ce sujet (1).

Procuration passée par noble homme Pierre Le Roy, receveur général alternatif, pour résigner son office à Jacques
Papin, 29 mai 1615.

Quittance du controlleur général des finances délivrée à
Jacques Papin, constatant :

1° Le paiement de 750 livres tournois pour la résignation
de l'office.

(Bordeaux, le 13 décembre 1615).

2° Le 2° paiement des 54 livres tournois pour le droit de
marc d'or.

(Bordeaux, 16 décembre 1615).

Archives Nationales, p. 2878, *f°*, *v/*xx*/ verso.*

Lettres patentes octroyant à Jacques Papin l'office de
« Receveur général alternatif du comté de Bloys et des de-
« niers ordinaires et extraordinaires des comtés d'Ast,
« Soissons et seigneuries de Coucy et paieur des bastiments

---

(1) Ces pièces sont dues à l'extrême obligeance de MM. J. de Croy, et
Max Prinet, élèves de l'École des Chartes.

« deppendans; au lieu et place de maître Pierre Le Roy,
« aux gages de huit vingt livres tournois.

« Donné à La Rochefoucauld, le dernier jour de dé-
« cembre 1615.

« Signé sur le repli : par le Roy, Renouard »

Pierre Le Roy devait être un parent de J. Papin, et nous
avons vu plus haut, Simone Le Roy, veuve de Pierre Pelloquin, marraine de Denise Papin.

Le 21 Mai 1615. — Résignation de l'office de Receveur gé-
général alternatif du domaine et comté de Bloys, par
noble homme Pierre Le Roy, en faveur de Jacques
Papin.

Archives Nationales, p. 2878¹, f⁴, 140, verso.

Acte de la réception de Jacques Papin en la Chambre des
Comptes de Blois et du serment qu'il y a passé le jeudi
3 mars 1616.

« Fº vixx, Fº 11, recto.

« Ce jourdhuy mardi, dixième jour de mars mil six cent-
« seize, par devant nous, Arnaud de Johanne, escuyer, sei-
« gneur de Saumery et des Landes, Conseiller du Roy,
« Trésorier de France et général surintendant des finances
« et bastiments du comte de Blois, est comparu maître
« Jacques Papin, receveur alternatif du domaine du comte
« de Blois, en personne, lequel pour satisfaire à la charge
« portée par l'acte de sa réception audict office, et vérifica-
« tion faitte par nous de ses lettres de provision, des troys et
« douzième de Mars dernier passé, nous a présenté pour
« sa caution de dix millle livres tournois qu'il est tenu bail-
« ler pour raison dudict office de la personne de maître
« Denis du Four, docteur en médecine demeurant à Bloys,
« paroisse Saint-Solemne, qui en personne l'a pleige et

« cautionne pour icelle somme de six mille livres tour-
« nois, à quoi l'avons de son consentément reçeu, oui
« sur ce et consentant le Procureur du Roy, après qu'il a
« esté certifié solvable par Henry Papin, marchand orlo-
« geur......

« Faict le jour et an susdits.

    « Signé : Johanne Papin du Four, Papin et
« Prudhomme. »

*Arch. Nat., p. 2878⁴, Mémorial de la Chambre des
comptes de Bloys.*

29 Décembre 1630.

Mandat de Jacques Martin, escuyer, seigneur de Villiers,
conseiller du Roy, président en la Chambre des comptes,
Trésorier de France, Général des Finances et Surintendant
des bastiments et maisons du comte de Bloys, ordonnant à
Mᶜ Jacques Papin, receveur général du domaine du comte,
de payer à Mᶜ Georges Prudhomme, greffier ordinaire de la
Chambre des comptes la somme de 12 livres 10 sols que
« lui avons ordonnée pour droicts qui lui sont acquis à notre
« nouvel advenement au dict estat et première entrée en
« la dicte Chambre, continuant ce qui a esté fait en pareil
« cas par nos prédécesseurs Trésoriers de France et Généraux
« des finances dudict comté ».

*Bibl. Communale de Blois, n° 1763 de la collection
Joursanvault, 13ᵉ carton.*

9 Janvier 1631.

Ordonnance de la Chambre des Comptes de Blois, man-
dant à Jacques Papin, Receveur général du domaine, de payer
à Jacques Martin, escuyer, seigneur de Villiers, Conseiller
du roy, Trésorier de France, Général des finances, Surintendant des bastiments et maisons du comté de Blois, la somme

de 58 livres 2 sols 6 deniers, savoir : 53 livres 10 sols pour un cent de jettons d'argent poisant deux marcs deux onces six gros moins douze grains, qui est à raison de vingt livres le marc tant pour les limer, ouvrer que paillir ; 4 livres dix sols pour le trousseau à marquer les dicts jettons et deux sols six deniers pour la bourse d'iceulx, qui lui sont deubs à sa réception au dict office et entrée à la dicte chambre.

(Même provenance, n° 1766).

Contrat par devant Georges Prudhomme, notaire à Bloys, par lequel Jacques Papin résigne son office de Receveur général triennal du domaine du comté de Bloys au profit de Denis Papin, 4 décembre 1639.

Certificat du contrôleur général des finances du duc d'Orléans, comte de Blois, portant que Jacques Papin a payé cent livres tournois, pour la dispense des quarante jours durant l'année 1638.

Orléans, le 19 janvier 1639.

Jacques Papin, après avoir exercé 26 ans les fonctions de Receveur général, résigna son office en faveur de son fils Denis, qui entra en charge au commencement de 1639.

Jacques Papin était de la religion protestante, et diacre de cette église dans la ville de Blois ; il se maria le 16 janvier 1605, dans le temple des protestants, à Jeanne Dufour, d'une honorable famille de la ville (1).

(1) L'arrière-grand-père de Jeanne Dufour, Jean du Four, escuyer, médecin de la reine Catherine de Médicis et doyen de la faculté de Médecine de Paris, en 1548, eut pour fils Denis Dufour, conseiller et médecin ordinaire du Roy, vivant en 1611, ce dernier est le père de Denis Dufour, docteur en médecine à Blois, médecin ordinaire du duc de Vendôme, qui épousa en premières noces Charlotte Buttet, dont il eut

Jacques Papin mourut vers la fin de 1640, comme peuvent l'indiquer les deux actes suivants ainsi que l'acte de succession passé devant maître Prudhomme, notaire à Blois le 29 janvier 1641.

13 JUIN 1641.

Arrêt de la Chambre des Comptes ordonnant que Jehanne du Four, veuve « de Jacques Papin, serait payée de 88 livres « 13 sols rayés au compte de 1636 payées à Jacques Cotte- « reau et à la veuve Martin Huyssan, imprimeurs, de l'ordre « du sieur de Villiers, trésorier général, pour impressions « faites par eux, de plusieurs lettres et dolleances au Roy, « concernant l'arrière-ban convoqué en l'année mil six cent « trente-six pour le service de Sa Majesté, pour recouvrer « laquelle somme, Jehanne Papin poursuivit Maucourt, « commis à recevoir les deniers de l'arrière-ban devant le « présidial de Blois, dont il eut arrêt le 8 juin 1641. Sa « veuve sera aussi payée des frais du procès. »

Jeanne Dufour, femme de Jacques Papin, et Henry Dufour, médecin du Roy.

Les actes de naissance de la paroisse Saint-Honoré *(Archives municipales de Blois)* font mention d'un grand nombre de membres de cette famille vivant à Blois, alors que Jean Dufour, médecin de Catherine de Médicis, était allé à Paris et était devenu doyen de la faculté de Médecine de cette ville.

Nous trouvons entre autres :

Michel Dufour, advocat au Perron de Bloys.

Françoise Dufour, femme de Jehan Boucher, lieutenant des eaux et forêts.

Olivier Dufour, clerc d'écriture.

Augustin Dufour, apothicaire du Roy, dont la femme, Isabelle Bour-days, était la sœur de la femme de Jacques Pelloquin, médecin.

Jean Dufour, marchand.

Denis Dufour, homme d'armes.

Nicolas, Étienne, Hyppolite, Jeanne, Katherine, etc., etc.

Archives Nationales, Journal de la Chambre des Comptes,
p. 2883³, folio 208 recto.

Jeudi 20 Juin 1641.

(Analyse). Arrêt de la Chambre entérimant « après avoir
« fait trés humbles remonstrances à la ditte Altesse Royale
« de son *trés exprès ccommandement* qui pour est effet
« aurait mandé les officiers d'icelle en son chasteau »
« en presence du Sʳ de Villiers « général ». Sur la requête
de Jehanne du Four, veuve de Jacques Papin, receveur du
comté, deux ordonnances de Gaston d'Orléans du 12 février
1641 ; par lesquelles les parties employées sous débit de
quittances aux comptes de 1637 et 1638, clos les 21 mars
et 20 juillet 1640, seraient rayées et remplacées par les ordonnances de Gaston et acquits du sieur Therat, trésorier
général des finances montant à 2250 livres tournois à prendre
sur les 3000 livres de l'assignation de la recette d'Orléans.

(Id. folio, 207 recto).

Jacques Papin eut dix enfants de son mariage avec
J. Dufour :

A. DENIS-PAPIN (qui suit).

B. JACQUES PAPIN, né le 2 février 1611.

C. JEAN PAPIN, né le 18 septembre 1612.

D. DANIEL PAPIN.

E. CHARLOTTE PAPIN.

Plusieurs reçus d'une rente foncière de vingt sous, assignée
sur un jardin, situé à Blois sur les fossés de la porte Clou-
seaux, portent les signatures d'un Papin et de Charlotte
Papin.

(Bibliothèque Communale de Blois. — Catalogue d'une
collection de pièces anciennes achetées en 1867).

Charlotte Papin naquit le 4 septembre 1615 et se maria

le 27 juin 1732 à Pierre Gousset, seigneur de la Chesnaye, receveur des domaines à Blois, elle en eût douze enfants :

1º Pierre Gousset, marchand orfèvre à Blois, baptisé au Temple le 26 décembre 1633, épousa Anne Cadiou qui, devenue veuve, abjura le calvinisme le 14 septembre 1703.

2º Jacques Gousset, né le 7 octobre 1635.

3º Marie   —   née le 5 mai 1637, baptisé le 7.

4º Georges   —   né le 8 juillet 1638, baptisé le 9.

5º Denis   —   né le 5 novembre 1639, baptisé le 6.

6º Charlotte   —   née le 13 avril 1642.

7º Henry   —   né le 6 décembre 1643.

8º Anne   —   née le 13 décembre 1644.

9º Jehanne   —   née le 15 mai 1546.

10º Renée   —   née le 15 août 1647.

11º Marie   —   née le 7 mars 1649.

12º Nicolas   —   né le 9 mai 1650.

F. FRANÇOIS PAPIN, né le 8 mai 1618 (1).

G. MARIE PAPIN.

Marie Papin, naquit le 16 décembre 1619 et se maria le 16 novembre 1638 à Paul Viet, marchand horloger à Blois, comme nous l'apprend son contrat de mariage passé par devant Paul Testard, notaire à Blois (2).

Elle laissa sept enfants de ce mariage :

1º Anne Viet, née le 29 novembre 1639.

2º Paul Viet, né le 20 juillet 1641.

---

(1) Né le 20 février 1615. D'après MM. Belton et Bournon.

(2) Voir *Pièces justificatives*, n° 1, le détail de ce contrat de mariage qui contient 50 noms de parents et amis des deux familles, et n° 2, la généalogie de la famille Baignoux dont nous retrouverons plusieurs membres à Marbourg avec la famille Denis Papin.

3° Marie VIET, née le 25 octobre 1642 et mariée le 14 février 1672 à Isaac de la COURT.

4° Paul VIET, né le 26 février 1644.

5° Magdeleine VIET, née le 29 mai 1646.

6° Charlemagne VIET, né le dernier février 1647 et marié à Jehanne CHESNON, dont elle eut sept enfants :

    a. Charlemagne VIET, né le 17 octobre 1674.

    b. Jacques VIET, né le 13 février 1676.

    c. Jehanne VIET, née le 4 février 1677.

    d. Margueritte VIET, née le 14 mars 1678.

    Jehanne et Margueritte VIET abjurèrent le calvinisme le 13 novembre 1699; leur tante Margueritte Turmeau, veuve de Jacques CHESNEAU, marchand orfèvre à Tours, abjura le 14 juillet 1700 en même temps que sa belle-sœur Jeanne CHESNON, veuve de Charlemagne VIET.

    e. Salomon VIET, né le 11 mars 1679, mort le 13 mars 1679.

    f. Jean VIET, né le 5 mai 1682.

    g. Paul VIET, né le 24 décembre 1683, mort le 29 octobre 1684.

    Jeanne CHESNON, veuve de Charlemagne VIET, marchand orlogeur à Tours, abjura le calvinisme le 14 juin 1700 dans l'église des Nouvelles Catholiques.

Devenue veuve, Marie PAPIN, se remaria le 24 août 1660 à Paul Charles, sieur de SUBLETTES, qu'elle perdit le 6 avril 1669, sans postérité.

H. JACQUES ISAAC PAPIN (chef de la branche cadette rapportée plus loin).

I. JEANNE PAPIN.

Jeanne Papin, naquit le 27 février 1621 et mourut le 17 septembre 1681.

J. NICOLAS PAPIN.

Nicolas Papin, né le 12 janvier 1625 et baptisé au temple le même jour, est une des illustrations de la famille Papin ; il vécut peu à Blois, habita Saumur où il épousa Marie le Royer, puis se fixa à Paris où il écrivit beaucoup et composa divers ouvrages, notamment :

a. Raisonnements philosophiques, touchant la salure, flux et reflux de la mer et l'origine des sources, tant des fleuves que des fontaines ; la mer lumineuse ou traité de la lumière de la mer.

(Blois, François de la Saugère, 1647.)

b. De pulvere sympathico Dissertatio.

(Lutetiæ Simeonem Puget, 1650.)

c. La poudre de sympathie défendue contre Mᵉ Cattier, médecin du Roy, 1651.

Il faudrait rechercher à Saumur dans les actes de l'état-civil, l'acte de mariage de Nicolas Papin, et les actes de naissance de ses enfants.

On a voulu que Marie Papin, femme de Denis Papin, soit fille de Nicolas Papin et que ce soit au moment des études du grand physicien, à Angers, qu'il commençât à connaître sa cousine ; je n'ai jusqu'à présent trouvé aucun acte authentique appuyant cette assertion.

Voici les deux actes où il est fait mention du mariage de Nicolas Papin et des enfants issus de ce mariage.

« Par bail passé devant Griffe, notaire à Romorantin, le « 4 février 1687, dame Madeleine Papin, veuve de feu Isaac « Papin, vivant receveur des domaines de Blois, tant en son

« nom que se faisant fort de noble homme Paul CHARLES,
« fils de Marie le Royer, veuve de noble homme Nicolas
« Papin, demeurant à Saumur, a donné à Valérien GODES-
« CHON, marchand à Villefranche, et à François SIMON, mar-
« chand boucher, à titre de ferme, le lieu de Léjumeau assis
« sur la paroisse de Lassay. »

Dans un autre acte du 28 août 1687 il est parlé de ce qui
est dû auxdits enfants de Nicolas Papin de Saumur.

NICOLAS, ÉTIENNE, CHARLES

ET

GABRIEL PAPIN

Il est question d'un autre Nicolas PAPIN, qui vivait en 1685 et était catholique puisqu'il figure comme habitant à Paris, rue Saint-Honoré et étant le fondé de pouvoir de l'administration ou le gérant des capucins de Blois. (Acte du 15 septembre 1685.

Les Archives Nationales nous donnent d'ailleurs l'indication de plusieurs PAPIN habitant à Paris.

1° Quittance d'Etienne PAPIN donnée à Jacques GIRAUD, Receveur général des finances de la Reine mère, passé devant LANGLUMÉ, notaire royal à Orléans, pour 8 livres 10 sols 6 deniers t. compris au rôle de l'écurie de la ditte dame, d'octobre dernier passé pour la *dépense de bouche et nourriture d'un grand lévrier d'attache durant ledict mois, 12 janvier 1560* (1561).

2° Charles-André PAPIN, escuyer, sieur de Boischalland, fils d'André Papin, aussi escuyer, sieur de Boischalland reconnaît avoir reçu 175 livres faisant partie de 650 livres de rentes constituées sur la ville de Paris, 23 août 1692.

3° Nicolas-Gabriel PAPIN, ancien contrôleur des ventes de l'Hôtel-de-Ville de Paris, décédé en sa maison, cloître Sainte-Opportune, 27 septembre 1735. « De la part de M. MERLET, avocat au Parlement, son gendre ».

(Archives Nationales. Cabinet des titres, pièces originales, vol. 2191, Papin.

BRANCHE AINÉE

III. DENIS PAPIN

Denis-Papin, né le 24 octobre 1608 et baptisé au temple le même jour, succéda à la charge de son père le 23 décembre 1636 et devint, comme nous l'avons vu plus haut, Conseiller du Roy et Receveur général des domaines du comte de Bloys.

Il avait dû être placé dès son enfance dans l'étude de Nicolas Lassern, notaire à Blois, comme nous le voyons par la pièce suivante :

Archives Nationales, p. 2878⁵.

Achat pour le domaine du Roy, d'une maison, au long de la montée du château. Fait en l'étude de Nicolas Lassern, notaire à Blois : Présent, Denis Papin, clerc de notaire. Blois, 1ᵉʳ avril 1622.

Voici quelques pièces relatives à la charge de Denis Papin :

Certificat du Contrôleur général portant que Denis Papin a payé 750 livres tournois pour les droits de résignation.

Paris le 16 Décembre 1638.

« Provision d'office. Gaston, fils de France... nous a plaine
« confiance de la personne de Mᵉ Denis Papin et de ses sens,
« expérience et capacité, à iceluy avons octroyé l'office de
« Receveur général triennal de notre domaine et comté de
« Blois et des deniers ordinaires et extraordinaires des comtés
« d'Ast, Soissons et seigneurie de Coucy et payeur des basti-
« ments en dependans que naguère souloit tenir et exercer
« maître Jean Papin, son père, vaccant du présent par la
« résignation qu'il en a faite entre nos mains..... »

Donné à Paris le vingt-troisième jour de décembre mil
six cent trente-huit : Signé : Gaston et sur le repli : par Monseigneur : Goulas.

Jeudi 26 Juin 1637.

« Les gens des Comptes de Blois : veu la requeste présentée
« par Mᵉ Jacques Papin, Receveur général du domaine du
« comte de Blois, tendant à fin destre ordonné que Mᵉ Denis,
« Papin, son fils, fut reçu par commission à l'exercice de
« receveur antier et triennal du dict domaine au lieu du dict
« Papin, son pére, à cause de ses maladies et indispositions
« ordinaires qui lui empechent de vacquer au fait de sa
« charge, comme il est obligé pour le service du Roy et de
« son Altesse, la Chambre ayant egard à l'indisposition et
« maladie ordinaire du dict Papin, receveur, a ordonné que
« le dict Denis Papin, son fils, exercera la ditte charge soubs
« le nom du dict Papin père, comme son commis, et comme
« iceluy Papin père, demeurera responsable à sa charge du
« dict Papin fils de raporter à chacun an en la dite chambre
« quittance du paiement qui se fera pour son dict pére, du
« droit annuel à cause de son dict office de Receveur général
« du dict domaine. »

Faict et arresté en la dite Chambre le jeudi xxvi juin mil xv^cxxxvii.

Jeudi 9 Juin 1639.

Arret de Réception en la Chambre des Comptes de Bloys, à condition de payer caution de dix mille livres.

1er Avril 1639.

Acte d'enterimement et verification des dittes lettres, par Jacques Martin, écuyer, seigneur de Villiers, Général des Finances du comte de Blois, président de la Chambre des Comptes.

— État de la Chambre des Comptes de Bloys en 1640.

« Monsieur Papin, l'esné, receveur triannal.

« Monsieur Papin, le jeune, receveur antier.

(Arch. Nat., J^{al} de la Ch. des Comptes, p. 2,883^c, fol. 181, recto).

— Du jeudi XXI juin MVI^c quarente.

« Ce jourd'huy jeudi 21 juin MVI^c quarente en la Chambre
« des Comptes de Blois, présent Me Claude Petit, advocat
« du Roy, et de Monseigneur, s'est presenté Me Denis Papin,
« receveur général triannal du domaine de ce comté de Blois,
« lequel pour satisfaire à l'arrest de la dite Chambre du
« IX juin mil six cent trente-neuf, a presenté pour caution
« qu'il s'est obligé fournir jusques à la somme de dix mille
« livres t. avant que d'entrer en exercice de la ditte charge,
« les personnes de Paul Viet, bourgeois de Blois, pour cau-
« tion, et de Etienne Baignoux, marchand drappier, demeu-
« rant au dit Blois, certificateur. »

« Sur quoy : La Chambre a reçu le dit Viet pour caution
« d'iceluy Papin jusques à la somme de dix mille livres
« tournois, après qu'il a été certifié solvable par le dit Bai-
« gnoux, lesquels ont fait et presté le serment sur ce requis

« ..... et ordonne que les dits pleges et certificateurs four-
« niront et mettront, au greffe de cette Chambre, dedans ce
« jourd'huy, la declaration de leurs terres, ce qu'ils ont
« promis faire. »

Signé : PAPIN, P. VIET et BAIGNOULX.

16 JUIN 1642.

Acte par lequel Jean TERRAT, Trésorier général des maisons et finances de Monseigneur frère du Roy, reconnaît que
Denis PAPIN, receveur du domaine de Bloys lui à remis
la somme de 15418 livres 18 sols 1 denier tournois pour
une année des revenus dudit domaine, finissant à la Saint-
Jean 1641.

*Bibliothèque communale de Blois. Archives Joursanvault,
n° 137 du suppl.*

2 JANVIER 1648.

Acte par lequel Denis PAPIN, Receveur général du comté
de Blois, reconnaît avoir reçu d'Isaac PAPIN, aussi Receveur
général du domaine, la somme de 80 livres pour une demi
année de ses gages.

*Bibliothèque communale de Blois. Archives Joursanvault,
n° 1833.*

22 AVRIL 1652.

Extrait des registres du Conseil de S. A. R. Gaston, du
d'ORLÉANS, portant que sur le rapport de Me Adrien BLAN-
CHARD, *commis à faire compter par estat,* les receveurs de ses
domaines de Bloys et de Romorantin. S. A. R. en conseil tenu
pour ses finances, à Paris, le dit jour, a ordonné à maîtres Isaac
PAPIN, Pierre GOUSSET (1), et Denis PAPIN, receveurs généraux
de son domaine de Bloys et Henry MISSERON, receveur de son

(1) Pierre Gousset était le beau-frère de Denis Papin.

domaine de Romorantin, de payer comptant et sans délai dans le présent mois d'avril, au sieur PINETTE, trésorier gé-neral des maisons et finances, *les sommes qu'ils doivent de reste chacun à leur égard* des recettes dudit domaine des an-nées 1648 à 1651, montant à la somme de 9490 livres 17 sols 6 deniers ; auxquels paiements lesdicts receveurs seront contraints, chacun en droit soy, comme pour les propres deniers et affaires de S. M. et à faute d'y satisfaire dans le présent mois, ordonne S. A. R. que trois sepmaines après la signification qui leur sera faite du présent résultat, il sera commis à l'exercice de leurs charges et leurs gages et droits, espèces et frais de compte rayés des états dudict domaine jusqu'à ce qu'ils aient satisfaits chacun à son egard.

Bibliothèque communale de Blois. Archives Joursanvault, n° 1849.

Denis Papin épousa Madeleine PINEAU, fille de Michel PINEAU, docteur en médecine à Romorantin et de Marie LEFEBVRE (1). Marie LEFEBVRE était fille de Henry LEFEBVRE, valet de chambre et apothicaire de la reine Catherine de Médicis et de Marie TURMEAU : les frères de Marguerite PINEAU étaient : Gabriel PINEAU, seigneur de Vantuau, con-seiller secrétaire des finances de Monsieur frère du Roy, et Samuel PINEAU, marchand bourgeois à Tours.

Denis Papin, vivait encore en 1673 ; on ne connaît pas la date de sa mort, mais il est probable qu'il mourut en exil ayant accompagné ceux de ses treize enfants qui durent quitter la France :

A. MADELEINE PAPIN.

Elle naquit le 6 avril 1642, épousa, le 30 avril 1661, Jac-

(1) Voir *Pièce justificative*, n° 3.

ques LECLERC, fils mineur de defunt noble homme Pierre
LECLERC, en son vivant elu de Romorantin, et de feu Esther
PAJON.

Elle mourut le 1ᵉʳ novembre 1670.

A ce moment la fortune des Papin était assez considérable
pour l'époque; en effet lorsqu'eut lieu le mariage de Madeleine Papin, dix des treize enfants qu'eut plus tard Denis
Papin, avaient déjà vu le jour, Madeleine Pineau était encore
enceinte, et malgré cela Madeleine Papin reçut en dot 7,050
livres tournois (1).

Elle eut de ce mariage quatre enfants :

    1° Jacques LECLERC, baptisé au temple, le 23 octobre
        1670, mort sans postérité.

    2° Madeleine LECLERC, née en 1664 et mariée à Pierre
        CADIOUX.

    3° Élisabeth LECLERC, mariée le 18 octobre 1693 à Paul
        LEDDET, seigneur de Mortignac.

    4° Jeanne LECLERC, née le 11 mars 1669 et mariée à
        Pierre GALLUS de la Doubletière.

  B. MARIE PAPIN, née le 7 juin 1643.

  C. JEHANNE PAPIN, née le 9 octobre 1644, baptisée le
      13 du même mois.

  D. Denis   PAPIN (le grand physicien qui suit).

  E. Jehanne — née le 19 juin 1649.

  F. Samuel — né le 31 janvier 1658.

  G. Esther —

Esther PAPIN, née le 19 septembre 1655, se maria le
24 avril 1678 à Daniel BABAUT, maître orfèvre, fils de Jean

---

(1) Voir note 4 des *Pièces justificatives*, le contrat de mariage de Madeleine Papin avec Jacques Leclerc.

BABAUT, sieur de Bardeley, demeurant à Gien, et de Élisabeth ORY.

H. Jacques PAPIN, né le 7 octobre 1658.

I. Paul　　　— né le 7 octobre 1568.

J. Mlle PAPIN, née le le 7 octobre 1658.

Ces trois jumeaux naquirent à Chouzy, dans la maison de leur père, les deux fils furent baptisés le jour de leur naissance, la fille mourut en naissant.

Paul PAPIN quitta également la France et se retira à Amsterdam ; on trouve son nom dans un registre imprimé à Amsterdam, en 1684.

(Dénombrement de tous les protestants réfugiés de France à Amsterdam. — Paul Papin est qualifié de marchand de soie).

K. Charlotte PAPIN, née le 30 novembre 1661.

L. Marie　　　— née le 2 mai 1663.

M. Jacques　　　— né le 13 aout 1664.

L'un des frères de Denis PAPIN se trouvait avec lui à Londres, car on lit dans une lettre adressée par Denis Papin au président de la Société Royale de Londres: « Néant- « moins ayant appris de mon frère la bienveillance que vous « avez eue pour lui depuis mon départ, et comment vous « l'avez toujours aidé en lui donnant une occupation ou « une autre, je ne puis négliger de vous en exprimer pour « cela mes plus humbles sentiments ». Quel est celui des frères de PAPIN dont il est ici question ? Nous n'en savons rien, nous voyons seulement qu'il était lettré et versé dans les sciences, puisque le président de la Société Royale trouve à l'utiliser.

IV. DENIS PAPIN

D ENIS PAPIN naquit à Blois et fut baptisé le 22 août
1647.

« Du jeudi 22 mars 1667. Denis Papin, fils de Denys
« PAPIN, Receveur général des domaines de Bloys et dame
« Margueritte PINEAU, ses père et mère, a esté baptisé par
« Pierre TESTARD, pasteur, et présenté au baptême par
« maître Isaac PAPIN, aussi Receveur dudict domaine et
« dame Fidèle TURMEAU.

   « Signé au registre : PAPIN, Fidèle TURMEAU, PAPIN et
       « Paul TESTARD. »

*Extrait du registre des baptêmes de l'Église réformée de
Blois pour l'année 1647. Archives du greffe du Tribunal civil
de Blois.*

Sans entrer ici dans les détails, sur la vie de Denis Papin,
suffisamment décrite dans le tome Ier de cet ouvrage, je don-
nerai la seule pièce des Archives de Blois, où se trouve la
signature du grand physicien. Ses autographes presque inconnus en France sont très rares, même en Allemagne :

« Judith Girard, fille d'honorable homme Marc Girard,
« marchand horlogeur à Blois, et de Madeleine de Coudre,
« née le 27 septembre 1670, a été présentée au baptême par
« maître Denis Papin, docteur en médecine, fils de noble
« homme Denis Papin, Receveur général du domaine de
« Blois, et de dame Pineau, et dame Girard, fille d'honorable

« homme Théodore Girard, aussi marchand horlogeur. Ce
« saint sacrement lui a été administré par Janiçon, l'un des
« ministres de cette Église.

« Signé : Janiçon, D. Papin, Marie Girard, Anne Girard. »

*Extrait du 4ᵉ registre du Temple des Protestants de Blois,
fᵒˢ 33 et 34, Archives de l'État-Civil du greffe du Tribunal.*

Papin fit ses études médicales à Angers, il est probable
qu'il resta quelque temps dans cette ville, comme semble
l'indiquer la pièce qui suit : on peut même se demander si
c'est de cette époque que datent les relations avec la famille
de Maliverni qui habitait déjà l'Anjou.

« Ego Dionysius Papinus volens fateor doctoribus Facul-
« tatis medicinæ Andegavensis omnia jura bursarum illis
« debita et persolvi solita pro adeptione graduum medicinæ
« et doctoratus quæ jura mihi a dictis Dominis doctoribus
« benigne mecum agentibus credita sunt, quæque juratus
« spondeo et bona fide promitto me, illis stipulantibus, per-
« soluturum, quandocumque, in hac civitate immorari et
« medicinam facere voluero, in quo insuper polliceor publice
« respondere et insignia doctoratus pro more dictæ Aca-
« demiæ assumere et omnes sumptus ad eam rem fieri
« solitos sustinere, non obstinantibus cœteris quos mihi
« prædicti Domini doctores, habito priùs privato examine et
« comprobato concesserunt.

« In cujus rei fidem præsentes litteras propria manu
« subscripsi.

« Datum Andegavi die undecimo Julii 1669 (1).

« Dyonisius PAPIN. »

(1) Cette date de 1669, correspond bien avec la mention de Docteur en
médecine, prise le 27 septembre 1670, par Denis Papin comme parrain
de Judith Giraud dans la pièce que nous reproduisons également.

Il est probable que Denis Papin resta quelque temps à Angers, allant de temps en temps à Blois où nous le trouvons en 1670, de là il dût aller à Paris. Il dit lui-même dans les *Acta Eruditorum* de 1688 :

« J'avais alors l'honneur de vivre dans la bibliothèque du « Roy et d'aider M. Huygens dans un grand nombre de ses « expériences, j'avais beaucoup à faire touchant la machine « pour appliquer la poudre à canon à lever des poids con-« sidérables. J'en fis l'essai quand on la présenta à M. de « Colbert. »

D'après sa correspondance il se trouva avec Huygens dans l'année 1672.

Pendant son séjour à Marbourg, Denis Papin occupe plusieurs dignités religieuses :

Le 21 juin 1691 il fut nommé anciens de l'Église réformée française de Marbourg.

Le 11 janvier 1701, il fut nommé secrétaire de la compagnie des ministres et anciens de l'église de Cassel, en remplacement de son beau-frère Paul Papin (1).

« Le 21 juin 1691, un dimanche matin, dans le temple de « de l'Eglise ref. franc. de Marpourg, ont été receus pour « anciens de la dite église :

---

(1) Je n'ai pas retrouvé ce Paul Papin. Denis Papin avait un frère de 11 ans plus jeune que lui, portant ce nom, et nous avons à son sujet fait mention d'un extrait du « démembrement de tous les protestants réfugiés de France à Amsterdam en 1684 », dans lequel on parle d'un Paul Papin, marchand de soie.

Il existe encore un Paul Papin, fils de Nicolas, sur lequel nous n'avons aucun renseignement.

C'est ce titre de beau-frère donné à Paul Papin pour le cas où il s'agirait ici du fils de Nicolas, qui a fait penser que Marie Papin pouvait être la fille de Nicolas Papin.

« M' Denis PAPIN, docteur en médecine et professeur en
« mathematique dans l'Université.

« M' Jean-Pierre LAMBERT, docteur en droit, et professeur
« en éloquence française et en blason.

« M' Pierre SEGAUD, cy-devant procureur au parlement de
« Grenoble.

« M. Antoine BOREL, marchand.

« S' GARNIER, marchand tanneur.

« Les susdits anciens etant tous morts ou ayants (sic) quitté
« la ville, à la reserve des S'ˢ LAMBERT et GACHET, le Consis-
« toire en a nommé d'autres le 6 juillet, qui ayant été
« nommez.....

MÉMOIRE des batemes, mariages et enterremens faits dans
l'église françoise de Marpourg, pendant le ministe de Gauthier, pasteur. Registre in-12, en parchemin blanc, avec la-
nière de cuir, faisant partie de la collection des : *einen olten
franzosischen kirchenbuche im besitz der reformirten kirche
in Marburg.*

Le 11 janvier 1701, le sieur Denis PAPIN a représenté que
son *beau-frère* le sieur Paul PAPIN, qui était secrétaire de la
Compagnie, ayant eu des raisons très fortes pour se retirer
dans les pays étrangers, il avait laissé la dite charge vacante,
et qu'ainsi il était nécessaire d'élire un autre secrétaire. La
Compagnie a procédé à l'élection, et la pluratité des voix est
tombée sur ledit sieur Denis Papin qui exerçait déjà la
charge *par intérim.*

JOLY, modérateur.

D. PAPIN, secrétaire.

Registre des actes de la Compagnie des ministres et anciens
de l'église française de Cassel, recueillie sous la protection

de Son Altesse Serenissime Monseigneur Charles, landgrave de Hesse.

De la collection des *Orkunden zur Geschikte der Französischen Gemeinden und ihrer, kirchenzucht, besonders in Cassel.*

En voyant les nombreux voyages de Papin, sa vie errante et surtout en ne trouvant dans les écrits qu'il a laissés aucune trace de ses relations avec sa famille, aucune mention de sa femme et de ses enfants, on a cru longtemps, qu'entièrement adonné à la science, Denis Papin n'avait pas trouvé le temps de se marier. Il n'en est rien, Denis Papin retrouva en Allemagne sa cousine Marie pour laquelle il avait une grande affection. Marie Papin avait épousé Mr de Maliverné ; mais elle perdit son mari dans la nuit du 8 au 9 février 1688, et put le 1er janvier 1691 épouser son cousin germain.

Il fallut pour ce mariage une dispense spéciale du grand duc autorisant le mariage des deux cousins, et malgré cette dispense Denis Papin se vit en butte aux persécutions du pasteur de Marbourg ; le grand duc dut même intervenir pour rétablir la paix parmi les membres de l'Église réformée.

« Le premier de janvier 1691, Monsieur Denis Papin,
« fils de feu Monsieur Denis Papin, Conseiller du Roy et
« receveur général des domaines de Blois, et de demoiselle
« Marguerite Pinaud, Docteur en médecine et Professeur de
« mathématiques en l'Université de Marbourg, a épousé
« demoiselle Marie Papin, sa cousine, par dispense de Mon-
« seigneur le Landgrave de Hesse, du décembre 1690, veuve
« de Monsieur Jacques de Maliverné, aussi Professeur de
« l'Université de Marbourg (1). »

(1) On croit que la querelle entre Gauthier et Papin a pris sa source dans ce mariage fait contre la volonté de Gauthier qui trouvait la parenté trop rapprochée.

Extrait des *Archives* de Marbourg.

Nous ne connaissons pas la descendance de Papin, et jusqu'à ce moment on n'en a encore retrouvé aucune trace ;
nous disions tout à l'heure que pendant longtemps on n'avait
aucune lettre de lui en faisant mention ; depuis nous avons
retrouvé quelques lettres inédites dans lesquelles il est souvent question des ennuis d'argent qu'il éprouve pour lui et
sa pauvre famille ; mais ce qui serait plus probant c'est la
mention suivante des *Actes* de Munden :

« *Dessen Frau und Kinder auch.* »

Protocole du 26 septembre 1707, Actes de Munden.

La seule objection que l'on puisse faire à cette dernière
citation c'est que l'on a pu vouloir parler des enfants de sa
femme dont il avait la tutelle.

Nous avons vu dans le premier volume que la date et le
lieu de sa mort étaient également inconnus. M. Figuier (1)
le suppose rentré en France vers 1715 ou 1716 ; rien dans
les actes de l'état-civil de Blois ne justifie cette supposition,
il est plus probable que l'illustre inventeur, comme tant
d'autres génies méconnus, mourut dans la misère ; ses der-
nières lettres à Leibnitz, un de ses rares amis dans l'adversité,
ne laissent aucune trace de projets scientifiques ; espérons
donc que Denis Papin put après tant de travaux et une vie
si agitée trouver auprès de sa femme et de ses enfants quelques consolations et terminer ses jours avec un peu de repos,
loin des envieux et des intrigants.

Si, comme je le crois, une partie de la famille Papin, ainsi
que les membres de la famille MALIVERNÉ, sont retournés en
France dans le courant du XVIIIe siècle, il est probable que

(1) Figuier, *Histoire des principales découvertes*, t. I, p. 99.

quelques-uns de ses membres sont restés en Allemagne et y ont eu des enfants.

« M. Grotefeld dans une lettre du 8 avril 1867, adressée « à M. de la Saussaye, disait : J'ai découvert dans mon pays « une famille qui se vante de descendre de Denis Papin, et « qu'on croit pourvue de certaines notices sur Papin où. « quelques papiers de Papin, j'ai écrit au chef de cette famille « et je vous tiendrai au courant..... »

Une nouvelle lettre du 15 juillet 1867 :

« ..... D'ailleurs je souhaiterais de vous rapporter ce que « j'aurai appris sur la famille Papin où plutôt sur la famille « qui se dit descendre de Papin, mais jusqu'à ce jour, j'ai « vainement espéré de recevoir une notice plus pure que « celle que mon frère a pu me donner. J'ai écrit au fils de « celui de qui mon père a eu sa notice, à M. du Mesnil, « apothicaire à Wimporf (son père est mort) et comme cet « homme impoli ne me répondait pas, j'ay intéressé un de « mes amis à Wimporf, M. le docteur de Bülow, pour la « même chose, mais tout a été en vain... . ».

BRANCHE CADETTE

III. JACQUES ISAAC PAPIN

Jacques-Isaac Papin naquit à Blois et fut baptisé au temple de cette ville le 2 février 1621, il portait le titre d'écuyer et de seigneur des Coudrets (1) et devint conseiller du Roy et Receveur général du comte de Bloys.

(Voir *Archives de l'Hôtel-Dieu,* 1639.)

Voici les quelques actes que j'ai pu retrouver au sujet de la nomination et de l'exercice en charge de J. Papin comme Receveur général des domaines du comte de Blois :

Jeudi 19 Juillet 1640.

« Sur la requête de Mr Isaac Papin, tendant afin d'être
« reçu en l'office de recepveur antien du domaine de ce
« comté, la Chambre ordonne que les lettres de provision
« seront enregistrées au Registre de la Chambre pour jouir
« du contenu en icelles par le dict Papin à la charge de
« bailler bonne et suffisante caultion, certyffiée, de la somme
« de dix mille livres dans un mois, et de luy pris et reçu
« serment. »

(1) Voir *Pièces justificatives,* n° 5, une série d'actes se rapportant à cette terre des Coudrets, le partage entre Papin et sa femme qualifiée de dame des Coudrays.

Du 12 Aout 1640.

« Ce jourd'huy s'est présenté maître Isaac Papin pourvu
« de l'office de Receveur général entien du domaine de ce
« comté de Blois, lequel pour satisfaire à l'arrêt de cette
« Chambre du XIX juillet MVIᵉ quarante a présenté pour
« caution et certificateur jusques à la somme de dix mille
« livres, Théodore Girard, marchand orlogeur à Blois, pour
« caution, et honorable homme Jehan Chesnon, marchand
« drapier au dict Blois, pour certificateur. »

     Signé : PAPIN, CHESNON, GIRARD.

10ᵉ Memorial de la Chambre des Comptes 2878,ˢ folio 17, vₒ.

Provisions données par Gaston d'Orléans pour Isaac Papin
de l'office de « Receveur général ancien du comté de Blois
« et des deniers extraordinaires des Cᵗ S. d'Asti. Soissons et
« Coucy et payeur des bâtiments au lieu de son père Jacques
« Papin, résignant. »

Paris, 8 mars 1640.

     Signé : GASTON, et par Monseigneur : GOULAS.

Diverses pièces transcrites au mémorial.

1º Acte de résignation de Jacques Papin, du 13 oct. 1639.

2º Quittance du paiement fait par Jacques Papin, de 133
livres 6 sols 8 deniers, pour cette résignation du 13 oct. 1639.

3º Paiement par Isaac Papin pour être pourvu au lieu de
feu Jacques Papin, son père, le 1ᵉʳ janvier 1640.

4º Requête d'Isaac Papin au duc d'Orléans, comte de Blois,
remontrant que son père lui ayant résigné l'office de receveur
ancien, on a mis dans les provisions receveur alternatif, ce
qui est une erreur remontant au décret de Claude Raoul (1)
qui possédait les offices de receveur ancien et triennal, et

_____

(1) Qui est-ce que ce Claude Raoul ? Nous avons vu que Jacques Papin
succéda à Pierre Le Roy.

Jacques Papin lors de la taxation de ses offices, fit par inadvertance qualifier d'ancien l'office alternatif et réciproquement; il prie donc S. A. R. de lui expédier provision de receveur ancien, quoique son père ait eu celle de receveur alternatif. En conséquence le duc ou son conseil ordonne d'expédier des provisions de receveur ancien du domaine et comte de Blois. — Fait à Paris, le 3 mars 1640.

Jacques-Isaac PAPIN se maria en août 1645 à Madeleine PAJON, fille aînée de Claude PAJON, sieur de l'Ejumeau et de Magdeleine LEFEBVRE. La famille Papin a eu plusieurs alliances avec la famille PAJON aussi bien dans la branche aînée que dans celle-ci; dans la branche cadette, la vie du célèbre Isaac Papin est tellement liée avec celle de son oncle Claude Pajon, que nous avons cru devoir, dans la notice biographique sur la famille Papin, donner divers renseignements sur la famille Pajon (1).

En 1685, Madeleine Pajon vivait encore après avoir perdu son mari; on peut s'en rendre compte dans un acte passé le 30 octobre 1685 devant Mᵉ MALESCOT, notaire à Blois, acte dans lequel elle fait abandon de ses biens à ses enfants.

De ce mariage sont nés:

A. MARIE PAPIN.

Marie Papin, née le 27 février 1648, se maria le 28 février 1677 à Louis SCOFFIER, ministre protestant à Aulnay, puis à Mer. Elle eut 4 enfants de ce mariage:

1° Louis SCOFFIER, né à Blois, le 16 novembre de la même année, se réfugia en Angleterre alors que plusieurs membres de sa famille se réfugiaient en Hesse, il devint prêtre anglican et mourut à l'étranger.

(1) Voir Généalogie Pajon. — *Pièces justificatives*, n° 6.

2º Suzanne Scoffier, née probablement à Mer, en octobre 1678, mourut le 17 juin 1681.

« Du 17 juin 1681, acte de décès de Suzanne
« Scoffier, fille de Mᵉ Louis Scoffier et de Marie
« Papin à l'âge de 2 ans et demie environ. ».

Archives de Loir-et-Cher.

3º Isaac Scoffier, né le 17 janvier 1680, mourut le 12 avril de la même année.

« Du 21 janvier 1680, Isaac, fils de Mᵉ Louis Scof-
« fier, ministre en cette église de Mer, et damoiselle
« Marie Papin, a été baptisé et présenté au baptême
« par Isaac Papin et Jeanne Papin enfant de défunt
« Isaac Papin (1), vivant sieur des Coudrays, con-
« seiller du Roy, Receveur de son domaine de Blois,
« que nous ont dit, ledit enfant estre nay *(sic)* le mer-
« credi 17 de ce grand mois. »

Signé au registre : Leclerc, Scoffier, J. Papin,
Papin. *Archives de Loir-et-Cher.*

« Du 12 avril 1680, a esté enterré le corps de def-
« funct Isaac Scoffier, fils de maître Louis Scoffier,
« ministre à Mer, et mademoiselle Marie Papin, qui
« est décédé le dict jour, âgé de trois mois ou envi-
« ron, auquel enterrement ont assisté les dicts Scof-
« fier père et le sieur Charles qui ont « signé. »

Signé au registre : Scoffier, Charles.

Archives de Loir-et-Cher.

4º Claude Scoffier, né le 20 septembre 1682,

« Du 29 septembre 1682, aujourd'huy vingt-neu-
« viéme jour de septembre mil six cent quatre-vingt-

(1) Jacques-Isaac Papin était donc déjà mort en 1680.

« deux a été baptisé dans le temple de Mer, Claude-
« Scoffier, fils de maître Louis Scoffier, ministre au-
« dict lieu et de demoiselle Marie Papin, duquel ont
« été parrain maître Claude Pajon, ministre à Orléans
« (pour lequel l'a présenté ledit sieur Scoffier, et mar-
« raine demoiselle Magdeleine Papin des Coudrets.
« Cet enfant est né au témoignage du père le 20 sep-
« tembre 1682. »

Ont signé : SCOFFIER, ministre, et PAPIN.

Archives de Loir-et-Cher.

Nous retrouvons la signature de Marie Papin sur plusieurs
actes de baptême où elle signe comme marraine (1).

B. MARIE PAPIN.

Marie Papin naquit le 14 février 1649, et épousa le sieur
de MALIVERNÉ avec qui elle se réfugia en Hesse où se trouvait déjà l'une de ses sœurs ; c'est à Marbourg qu'elle devint
veuve le 9 février 1688.

« La nuit du 8 au 9 février 1688, est mort le sieur Jacques
« de MALIVERNÉ, de Saumur, professeur en Éloquence Fran-
« çaise dans l'Université.

(1) Voici plusieurs de ces actes de baptême.
A. Du dimanche 29 janvier 1679. — Suzanne, fille de Jean Goron, vigneron, et de Madeleine Gaullier, demeurant à Aulnay, a été baptisée et
présentée au baptême par Me Salomon Leclerc, ministre de cette Église,
et de demoiselle Marie Papin, femme de Louis Scoffier, ancien ministre
de cette Église, son parrain et marraine, qui ont dit la dite fille être née
le 24e jour du dit mois. Ont signé : Leclerc, M. Papin, Scoffier.
2° Du 14 décembre 1681.
Acte de baptême de Jacques Gardon, fils de Martin Gardon, boulanger
à Mer : le dict acte est signé de Marie Papin, marraine.
2° Du 18 janvier 1682.
Acte de baptême de Marie Clavier, fille de Martin Clavier, vigneron, et
de Louise Barbier : Signé, Marie Papin, marraine.
Archives de Loir-et-Cher.

Archives de Marbourg. Mémoires de Gauthier, pasteur.

Elle eut de son mariage avec Jacques de MALIVERNÉ :

1. Charlotte Marie de MALIVERNÉ.

> « Le 6ᵉ du mois de mars 1687 a été baptisée Char-
> « lotte-Marie de Maliverné ou de Malinverné, fille de
> « Mᵉ Maliverné, professeur en Éloquence française,
> « et de demoiselle Marie Papin, présentée par Mᵉ Wol-
> « teins, chancelier de Marpourg, au nom de Son Al-
> « tesse Sérénissime et par Mᵉ Papin, belle-mère dudict
> « sieur de Maliverné au nom de Madame la comtesse
> « de Wigenstein ».

2° Jacques de MALIVERNÉ, seigneur de la Manche, que nous retrouverons plus loin se mariant en 1723 à sa cousine germaine Françoise Papin ; il devint le chef de la famille de MALIVERNÉ.

Il mourut avant sa femme, qui, morte à son tour en 1754, laissa cinq filles qui se partagèrent l'héritage de leur mère et vendirent, comme nous le verrons plus loin, le domaine de la Manche.

Une partie de la famille de MALIVERNÉ étant restée à Saumur, nous lisons dans le *Calendrier ecclésiastique de 1757,* le récit suivant de la mort de Madame de MALIVERNÉ.

CALENDRIER ECCLÉSIASTIQUE POUR L'ANNÉE 1757

A Utrecht, aux dépens de la Cⁱᵉ, 1757

A Saumur, diocèse d'Angers, Madame de Maliverné, dangereusement malade, fait prier le vicaire de Nantilly, sa paroisse, de la venir voir. — Il lui demande en arrivant ce qu'elle désire. — Les Sacrements, dit-elle. — Je ne puis, dit le vicaire, vous les accorder sans l'acceptation préalable de la Bulle. Je suis soumise à l'Église, dit la dame, je crois toutes les vérités qu'elle enseigne et je regrette toutes les erreurs qu'elle condamne. — La conversation fut longue et le refus constant. Le vicaire, averti une seconde fois, répond qu'il faut aller chez le curé. Celui-ci se rend auprès de la malade, et lui dit qu'il ne voit rien de dangereux dans sa maladie, qu'il espère que Dieu lui rendra la santé ; qu'alors il l'engagera de venir chez lui, et achèvera de la faire entrer dans ses vues. Je sçais, ajoute-t-il, que vous et M^r votre époux, vous avez des sentiments dangereux, et que vous n'êtes pas soumis à à la Constitution.

Deux jours après, le curé revient, et la dame le conjure de lui donner les Sacrements. — Il répète ce qu'il avait dit la première fois et demeure inflexible — disposé à prolonger une conversation plus fatigante qu'instructive, on le prie poliment de laisser quelque temps la malade tranquille.

Il revient le lendemain, dimanche, après Vêpres, et fait encore quelques questions tendant à la soumission exigée. Mr de Maliverné étant alors entré dans la chambre, lui dit : Vous venez bien tard, Monsieur, le délire se fait déjà sentir. — Je m'en suis aperçu, répond le curé, et n'ose plus me flatter d'obtenir l'acte de soumission que je désirois ; car il faut recevoir la Constitution où bruler l'Évangile. — Voilà, dit le mari, une proposition bien outrée. J'ai été lié avec des personnes pieuses et sçavantes, qui soutenaient que la Bulle est diamétralement opposée à l'Évangile. Le curé aussitôt, se retire en disant brusquement : Sçavez-vous comment on enterre les personnes révoltées, à Orléans, à Nantes ? Un prêtre, sans surplis, sans chanter, vient faire la levée du corps, et le conduit au lieu de la sépulture. — Quelque temps après la

sortie du curé, le délire étant cessé, la malade parle à ses enfants, leur donne des avis, et se fait lire les endroits des
Psaumes les plus propres à la soutenir dans son état. Le
lundi au matin, elle avertit qu'elle mourra le soir, et prenant
un crucifix, elle offre à Dieu le sacrifice de sa vie, donne sa
bénédiction à ses enfants et ne s'occupe plus que de son désir d'être unie avec Jésus-Christ.

Vers les trois heures de l'après-midi, elle passe de cette
vie à une meilleure, avec la tranquillité qui accompagne ordinairement la mort des Justes, âgée de 51 ans. Le lendemain,
on va demander au vicaire l'heure de l'enterrement (le curé
était parti la veille pour Angers) ; il promet de le faire sur les
huit heures du soir. — La famille, dès le moment du décès,
avait fait sonner, et on sonnait encore le matin, lorsqu'un
ordre du prélat fait cesser la sonnerie.

A l'heure indiquée, le vicaire, accompagné seulement d'un
porte-croix, vient faire la levée du corps avec tant de précipitation que la famille avait peine à le suivre. Aussitôt arrivé
à l'église, il en sort avec la même précipitation, pour aller
jeter le corps dans une fosse, non dans le cimetière de la paroisse, comme la famille l'avait demandé, mais dans un coin
de celui des Récollets qui est à côté.

La populace, pendant cette cérémonie, tient les discours
les plus indécents contre cette dame et sa famille, et insulte
personnellement les filles de la défunte, sans que les ma-
gistrats se donnent aucun mouvement pour la réprimer.

Comme il a été dit au sujet de Denis Papin, Marie Papin,
devenue veuve, se remaria à son cousin germain Denis PAPIN,
le 21 juin 1691, et l'on ne sait pas si elle eut des enfants de
son second mariage.

Un rescrit du landgrave de Hesse donne à son mari, Denis Papin, la tutelle de sa belle-fille, à laquelle il accorde une pension.

On ne connaît pas la date de sa mort.

c. CHARLOTTE PAPIN.

Elle naquit le 14 mars 1652. Il est question d'elle dans un acte de 1689.

Archives du Tribunal, liasse des protestants.

d. ISAAC PAPIN.

Il naquit le 6 février 1654 ; nous avons vu son nom dans le baptême d'Isaac Scoffier, son neveu, à qui il sert de parrain.

e. PIERRE PAPIN, né le 15 février 1655.

f. MARGUERITTE PAPIN, née le 11 janvier 1656.

Il en est fait mention dans les procès-verbaux d'adjudication du 17 mai 1689 et 24 mai 1687 (voir *Pièces justificatives,* n° 7).

g. ISAAC PAPIN (qui suit), né le 27 mars 1657.

h. JEANNE PAPIN, née le 9 avril 1658.

Il en a été fait mention au baptême de son neveu Isaac Scoffier. Jeanne Papin quitta définitivement la France à la révocation de l'Édit de Nantes, mais elle occupait depuis 1682 une place auprès de la dame de Pelluys ou de Pelvis, veuve du grand écuyer de Monseigneur l'Electeur de Brandebourg; elle garda auprès d'elle sa sœur Marie.

On croit que c'est là l'origine du départ pour l'Allemagne d'un certain nombre de membres de la famille Papin au moment de la révocation de l'Édit de Nantes. La dame de Pelluys habitait Blois avec sa famille, et après son mariage avec le grand Electeur de Brandebourg, elle emmena avec elle Jeanne Papin; aussi fut-ce de ce côté que tournèrent leurs regards les membres de la famille Papin qui préféraient l'exil à l'abandon de leur religion.

L'irritation du Gouvernement fut telle à l'égard de la famille Papin, que les biens des protestants qui avaient quitté la France, ayant été sequestrés par ordre du Roy, il ne fallut rien moins que l'intervention spéciale du grand Electeur pour sauver de la saisie et conserver à Jeanne Papin la part d'héritage qui lui venait de son père ; quant à la part de ses autres frères et sœurs et même celle de sa sœur Marie qui vivait auprès d'elle, elle fut impitoyablement vendue.

Nous retrouvons différents renseignements dans un acte de vente qui nous a été conservé (1).

(1) Voir *Pièces justificatives*, n° 7, Extraits d'un procès-verbal d'adjudication de biens saisis sur des protestants absents du royaume (17 mai 1687).

IV. ISAAC PAPIN

Isaac Papin naquit à Blois, le 27 mars 1657; il fit ses huma-
nités à Genève, puis étudia les langues grecque et hébraï-
que et la théologie à Orléans, sous la direction de Claude
Pajon, son oncle maternel, ministre en cette ville.

Ainsi que son cousin-germain Denis, Isaac est une illus-
tration de sa famille.

En 1686, il passa en Angleterre où il fut ordonné diacre et
prêtre de l'Eglise anglicane, il alla ensuite à Hambourg et à
Dantzig où ses prédications furent très goûtées. Il écrivit
beaucoup en faveur du protestantisme.

Il épousa, par contrat passé à Hambourg, le 18 avril 1689,
et célébré à Altona, le 6 mai suivant, Anne Viard, née en
1662, et protestante comme lui.

Rentré en France il eut des conférences avec Bossuet dans
l'église de l'Oratoire à Paris, il abjura solennellement ainsi
que sa femme entre les mains de l'illustre prélat qui avait
jugé digne de ses efforts, la conversion du ministre Papin.

Le Gouvernement lui ayant rendu ses biens confisqués
depuis son départ, il se rendit à Blois, vendit le 18 avril 1690
pour 1,400 livres une maison située dans le Haut-Bourg-
Saint-Jean (1), et se retira dans la maison paternelle dont

(1) Cette maison était alors habitée par Abel de Brunyer, chevalier, seigneur de Villesablons, petit-fils du savant médecin.

l'entrée principale était située place Saint-Louis et l'autre devant les halles.

Voici comment au contraire les protestants racontent la conversion d'Isaac Papin :

« S'il se rapprocha plus tard du catholicisme, ce fut lorsque « les persécutions de Jurieu le mirent dans la nécessité d'opter « entre la soumission aux décrets d'un synode wallon et « l'acquiescement aux canons du Concile de Trente. C'est le « rigorisme inquisitorial des Calvinistes orthodoxes qui le jeta « entre les bras du clergé romain. Puisqu'il lui fallait faire « violence à sa conscience, ne valait-il pas mieux subir le « joug de l'Eglise catholique qui lui offrait au moins en échange « de la liberté d'examen des avantages matériels ?.....

« Il prêchait depuis 6 mois dans l'église française d'Al- « tona, et comme il n'y avait personne *qui ne témoignât être* « *édifié de sa doctrine et de sa conduite,* il était sur le point « d'être nommé pasteur ordinaire, à la recommandation de « *La Conseillère,* lorsque la haine de Jurieu vint encore une « fois se jeter à la traverse. Papin quitta donc Hambourg et « se rendit à Dantzig où il prêcha pendant quelque temps, « mais l'implacable Jurieu alla le poursuivre jusque-là. S'il « est vrai, comme le raconte l'auteur du recueil de ses œuvres, « qu'il était résolu de rentrer dans le sein de l'Eglise romaine « avant son départ de Hambourg, son hypocrisie ne saurait « être frappée d'un blâme trop sévère. Mais le témoignage de « cet écrivain ne nous semble pas devoir être admis sans « examen.

« La sincérité de la conversion de Madame Papin sous le « nom de qui ce recueil a été publié était suspecte, elle passait « même pour si mauvaise catholique qu'en 1697 on lui enleva « ses enfants afin de confier leur éducation à Bernon, mi-

« nistre apostat qui habitait Marenne *(Arch. gén. E. 3383).*
« Afin de détruire un soupçon qui pouvait non seulement en-
« traîner la suppression définitive d'une pension de 300 livres
« qu'on lui avait rendue en 1710 (ibid. E. 3396), mais avoir
« des conséquences encore plus graves pour elle, il était donc
« de l'intérêt de la veuve de Papin de faire remonter le plus
« haut possible l'attachement de son mari et d'elle-même
« aux dogmes catholiques.

« Isaac Papin n'abandonna la chaire protestante qu'après
« avoir reçu la réponse de l'évêque de Meaux qui l'encoura-
« gea dans sa résolution. Dès lors aussi, on doit le recon-
« naître, Papin couvrit son projet d'une dissimulation que
« rien ne nécessitait, que rien ne justifie. Il quitte Dantzig en
« annonçant qu'il retourne en Angleterre, où, disait-il, on
« était moins intolérant. En passant par Hambourg il épouse
« dans l'église réformée Mlle Viard. Arrivé à Londres en
« 1689, il persiste dans son hypocrisie. A Douvres, il trompe
« le pasteur de l'église française pour qu'il l'aide à obtenir
« un passeport; il lui laisse entendre qu'il rentre en France
« pour prêcher sous la croix, et la veille même de son embar-
« quement il ne rougit pas de monter en chaire dans le
« temple réformé. Qui ne flétrirait une conduite aussi jé-
« suitique.

« Après sa conversion il mit au jour *la Tolérance des*
« *Protestants et l'Autorité de l'Eglise,* Paris 1692, in-12, réim-
« primé sous ce titre *les deux Voyes apposées en matière de*
« *religion, l'examen particulier et l'autorité,* Liège 1713,
« in-12. Cet ouvrage dont les catholiques se promettaient
« merveilles n'est que le développement de ce syllogisme. La
« liberté d'examen proclamée par les protestants conduit

« nécessairement à la tolérance universelle, or la tolérance
« universelle tend à l'anéantissement du christianisme,
« donc c'est à l'anéantissement du christianisme que mènent
« nécessairement les principes de la réforme. Qui ne sera
« frappé du vice de ce raisonnement ? L'exemple de la Hol-
« lande, de l'Angleterre, des Etats-Unis d'Amérique prouve
« jusqu'à l'évidence la fausseté de la mineure. La tolérance
« universelle tend à l'anéantissement du Christianisme, ce
« qui reviendrait à dire que le Christianisme doit néces-
« sairement être persécuteur. L'auteur montre d'ailleurs fort
« bien que les protestants n'agissent que trop souvent contre
« leurs principes, c'est à ce point de vue que son livre est
« intéressant. . .

« L'aînée (des sœurs) Madeleine, née le 27 février 1648,
« avait épousé Louis Scoffier, ministre à Mer, et s'était ré-
« fugiée en Angleterre *(Arch. E. 3378)*. La seconde appelée
« Marie, née le 14 février 1649, avait cherché un asile à
« Amsterdam, puis à Berlin. Une troisième, nommée Char-
« lotte, avait été arrêtée dans sa fuite avec Elisabeth Picquet
« sa compagne, et enfermée dans le château de Péronne
« *(Ibid. E. 3373)*. Nous n'oserions affirmer que Judith
« Papin, qui épousa à Londres en 1688 Jean de la Salle,
« ministre de l'église française de Wandsworth, était de la
« même famille. Il existait en effet une autre famille du nom
« de Papin, à la Rochelle.

Il composa de nouveaux écrits pour engager ses coreli-
gionnaires à suivre son exemple ; ses affaires l'ayant appelé
à Paris, il y décéda le 19 juin 1709 et fut inhumé dans l'église
Saint-Benoît, où sa veuve fit placer une inscription indiquant
seulement son nom et la date de sa mort.

Sa femme Anne VIARD (1), qui née en 1662, à Chalons, avait abjuré avec lui, mourut à Blois, paroisse Saint-Solemne, le 22 mai 1725, et fut inhumée dans le grand caveau, sous le chœur de l'église.

Le Père PAJON, de l'Oratoire, cousin d'Isaac PAPIN, publia en 1723, après les avoir corrigées, les œuvres d'Isaac, depuis sa conversion à la religion catholique. Cette collection en trois volumes in-12, contient plusieurs traités :

1° *De la Foi, réduite à ses justes bornes.*

2° *De la Tolérance des Protestants et de l'autorité de la Foi.*

On changea quelque temps après le titre de cet ouvrage, en l'intitulant : *Deux voies opposées en matière de religion, l'examen particulier, et le Poids de l'autorité* (Liège 1723).

« C'est là, dit l'abbé de FELLER, qu'il faut apprendre à « penser et à parler sur la tolérance. Un auteur qui en avait « besoin autrefois, est plus croyable que personne, sur les « sentiments que la religion, l'humanité, la politique pres-« crivent à l'égard des disciples de l'erreur ».

3° *La cause des hérétiques, disputée et condamnée par la méthode du droit.*

Les enfants d'Isaac PAPIN et d'Anne VIARD sont au nombre de dix, tous nés à Blois et baptisés à Saint-Solemne :

A. RENÉ-FRANÇOIS PAPIN (qui suit).

B. ANNE PAPIN.

Elle naquit le 28 mars 1691, et mourut sans alliance en 1736.

C. MARIE PAPIN.

(1) Cette demoiselle Viard n'a aucun rapport avec les Viart, famille noble de Bloys, vers le XVIᵉ siècle, qui a donné deux grands baillis d'épée à notre province.

Elle naquit le 8 mars 1692, et fut mariée le 2 avril 1727, à Ignace FRÈRE DE LA RAGOTERIE, seigneur de Beauvais et du Bouchet (près Thouars, en Poitou), capitaine d'Infanterie (1).

Voici un extrait du *Livre de raison* de cette famille, livre tenu d'abord par Marie Papin, puis par un de ses enfants (2).

« Le 8 juillet 1728, il naquit un fils sur le minuit, il fut
« ondoyé ledit jour au soir, il devait avoir pour parin et mar-
« reine Mʳ ROGIER, seigneur de Belleville, ancien officier et
« major d'un régiment de dragons, et Mᵐᵉ DASSY, femme du
« lieutenant du Roy, au château de Saumur. Mʳ Dujon, curé
« de la paroisse de Montbrun, l'ondoya, et le samedi 10, il
« mourut, et il est enterré sous la tombe devant la porte du
« chœur et proche du banc de la famille y appartenant, où ils
« ont droit de sépulture.

« Le segond nous est né le 12 juillet de l'année 1729 à
« 3 heures du matin; il a eu pour parin Mʳ de Maliverné,
« mon beau-frère, mari de Françoise PAPIN, et pour ma-
« reine Mˡˡᵉ PAPIN, l'aînée, ma sœur (Anne Papin), ils l'ont
« nommé Jacques et François. Il fut baptisé le jour même
« par Mʳ Laury, vicaire, dans la même paroisse de Mont-
« brun (3).

(1) Voir *Pièces justificatives*, n° 8. Le contrat de mariage de Marie PAPIN, passé le 28 avril 1727, devant Laurent BOURGEOIS et Charles GENTILS, notaires royaux à Blois.

(2) Nous devons ces renseignements à l'extrème obligeance de M. l'abbé Develle, professeur de philosophie au grand séminaire de Blois, qui les a copiés dans les archives Perreaut, au château de Beauvais-en-Puyradeau, commune de Montbrun, près Thouars.

(3) Jacques-François FRÈRE DE LA RAGOTERIE, né le 12 juillet 1729, perdit ses père et mère en 1740, se trouvant âgé de onze ans, il eut pour tuteur son oncle Jacques de Maliverné, se maria, en 1762, à Rose Françoise....., et mourut, en 1792, faisant une nombreuse postérité; parmi ses enfants : Agathe FRÈRE DE LA RAGOTERIE, née le 3 août 1769, au château de Beau-

« Le 4 février 1731 il nous naquit un fils entre minuit et
« une heure du matin. Il fut baptisé entre 9 et 10 heures, il
« a eu pour parin et mareine deux pauvres en la plasse de
« ma sœur de MALIVERNÉ, qui sont Nicolas MATINEAU et
« Genné LE FIÈVRE, femme de Pierre RENARD, tous deux
« du village d'ORBÉ, et a été nommé du nom de ses deux
« grand pères Isaac et Ambroise.

« 1732. — LE 9 JUIN, à 5 heures du matin, il naquit une
« fille, elle fut baptisée dans la matinée, elle eut pour par-
« rain Mr PERONNEAU, principal et chanoine à Thouars et
« pour marraine Me de MENOU, sœur de Mr de Beauvais,
« demeurant au Bouchet; elle a été nommée Marie-Anne,
« baptisée par Mr LAURY, vicaire de la paroisse de Mont-
« brun ».

(*En marge*). Elle est morte le 18 de may, veille de l'As-
cension, âgée de 3 ans.

« LE 20 NOVEMBRE 1733, entre onze heures et midi, il na-
« quit un fils PAPIN, mon neveu en fut le parrain, en la
« place de Mr de MALIVERNÉ et Mlle GAUDOIN, fille aînée de
« Mr GAUDOIN, la marraine, en la place de M^r son père, avec
« ma sœur de MALIVERNÉ. Il a été nommé Jean et René et
« ne fut baptisé que le lendemain samedi, aux flambeaux,
« par Mr LAURY, le vicaire de la paroisse de Montbrun ».

vais, épousa le 27 juillet 1794, Maximilien Joseph PERREAUT, docteur en
médecine, qui mourut le 28 avril 1844, après avoir perdu sa femme en
décembre 1799, c'est-à-dire après cinq ans seulement de mariage. Elle lui
avait donné trois fils :

    A. FÉLIX PERREAUT, lieutenant de vaisseau, né en 1796.
    B. EUGÈNE PERREAUT, docteur en médecine, né à Thouars, le 5 avril 1797,
        et mort célibataire le 26 décembre 1882.
    C. LÉON PERREAUT, né en 1798, et juge aux Sables-d'Olonnes, dont le
        fils, N. Perreaut, est actuellement le propriétaire du château de
        Beauvais-en-Puyradeau.

(D'une autre main). Le dict René est mort à Saumur, de la petite vérole, le 4 mai 1743.

« Le 3 May 1735, il naquit un fils entre onze heures et « minuit. Il fut baptisé le 5 dès le matin, ma niéce de Ma- « liverné en fut la marraine, et mon fils aîné le parrain, il fut « nommé Paul, dans la même paroisse de Montbrun.

« Le 3 Octobre 1736, est né un fils qui fut baptisé à « Montbrun. Mr de Frémon fut le parrain, le seigneur de la « paroisse avec Mme de Saint-Generoux, ils le nommèrent « Marie-François.

« Dans le mois de mars 1738 il est mort à Thouars; il a « été enterré dans le cimetière de Saint-Laon ».

(Nouvelle écriture). « Le 1er Octobre 1739, naquit un fils « à M^r et Me de Beauvais, appelé Rémy, qui a eu pour par- « rain Mr de la Brunetière, sénéchal de Thouars, et M^e de « Maliverné ; il est mort en nourrice en 1740. »

« 1740. Le 10 Mai, Mr Ignace-François, frère Sr de Beau- « vais, est mort à Thouars, paroisse Saint-Laon, ayant reçu « tous les Sacrements. Il est inhumé sous une tombe, au bas « de la porte du chœur, du côté de la sacristie, auprès de « M^r son père. »

« Le 3 Juin 1739, est morte Me Marie Papin, épouse du « Sr de Beauvais, qui a reçu tous les Sacrements; elle est « inhumée auprès de son mari. »

(Écrit de la main de sa chère sœur, Suzanne Papin des Coudrais).

D. ANNE PAPIN.

Elle naquit le 17 juin 1694, et dut mourir vers 1737, d'après un acte par lequel Suzanne Papin devra donner à Marie Papin, une somme de 600 f. en février 1737, une autre somme de 600 f. en décembre 1737, et enfin un « billet de 600 f.

payable le 20 septembre 1747, le tout provenant de la succession de sa sœur Anne PAPIN.

E. FRANÇOISE PAPIN.

Elle naquit le 4 octobre 1695, et épousa en 1723, son cousin Jacques de MALIVERNÉ, fils de Jacques de MALIVERNÉ et de Marie PAPIN (cousine-germaine et plus tard femme de Denis PAPIN, comme nous l'avons vu plus tard).

« Le mariage fut célébré à Blois, par Mr de DAMPIERRE, « prieur-curé, en présence de François-René, Anne, Made- « leine, Margueritte, Suzanne et Marie PAPIN, frère et sœurs « de l'époux, et Marie de l'ÉCLUSE, sa belle-sœur, parents « des deux parties. »

(Sans autre indication si ce n'est la dispense de deux bans.)

Françoise PAPIN survécut à son mari, mais elle ne lui donna que des filles, et laissa ainsi éteindre cette branche de la famille de MALIVERNÉ.

Nous ne connaissons pas la date de la naissance de leurs enfants, nous savons seulement que le 24 septembre 1754, François PAPIN, veuve de Jacques de MALIVERNÉ, seigneur de la Manche, étant morte, cinq de ses filles vivant alors se partagèrent son héritage et celui de leur père, et vendirent à honorable homme, Antoine SAILLAND, la maison seigneuriale de la Manche et ses dépendances (1).

Les cinq demoiselles de Maliverné dont il est ici question et dont la plus jeune, Marie, âgée de 22 ans, est qualifiée de majeure suivant la coutume d'Anjou, étaient :

1° JEANNE-FRANÇOISE DE MALIVERNÉ, demeurant rue St-Jean-de-Beauvais, paroisse Saint-Étienne-du-Mont.

(1) Ces renseignements sur les de Maliverné sont dus à l'obligeance de M. l'abbé Develle.

2° ANNE DE MALIVERNÉ, demeurant rue Saint-Martin,
paroisse Saint-Nicolas-des-Champs.

3° SUZANNE DE MALIVERNÉ, demeurant rue Saint-Honoré,
paroisse Saint-Roch.

4° MADELEINE DE MALIVERNÉ, demeurant ordinairement
à Gif et actuellement à Paris.

5° MARIE DE MALIVERNÉ.

F. ALEXIS-ISAAC PAPIN.

Il naquit le 2 avril 1697, mais on ne fait pas mention de
lui au mariage de sa sœur Françoise (1723).

G. MAGDELEINE-MARGUERITTE PAPIN.

Elle naquit le 17 août 1698 et épousa, en mai 1724, Charles
Didier GENDRIER, architecte à Blois.

H. SUZANNE PAPIN.

Née le 17 décembre 1700, elle mourut sans alliance en 1771 ;
elle s'occupa de l'éducation de ses neveux FRÈRE DE BEAUVAIS.

Dans un acte qui nous a été conservé, l'aîné de ses neveux
s'exprime ainsi :

« Ce 9 mai 1759, je reçois de Mᴵˡᵉ Suzanne PAPIN, ma tante
« maternelle, tant en mon nom que comme me faisant et
« portant fort pour mes frères mineurs la somme de 3,000 l.
« pour le prix de la moitié d'une maison, sise en la ville de
« Blois, à elle vendue par feu mon père et ma mère, suivant
« l'acte passé devant le sieur Jarry et son confrère, notaires
« en la ville duché Pairie de Thouars, le 13 février 1737. »

I. HENRY PAPIN.

Il naquit le 21 novembre 1702 et mourut en nourrice le
17 octobre 1703 (paroisse Saint-Nicolas).

K. MARIE II PAPIN.

Elle naquit le 17 décembre 1703, et mourut en 1766 (paroisse Saint-Honoré).

V. RENÉ-FRANÇOIS PAPIN

Il naquit à Blois, en 1690, et fut baptisé à Saint-Solemne, le 11 avril 1690; il fit le commerce des vins et demeura rue de la Foulerie, dans une maison sur le Port-Neuf (1). Il épousa, en 1712, Marie de l'Écluse, et mourut à Paris, le 6 juin 1763.

Sont issus de ce mariage, tous nés à Blois et baptisés à Saint-Solemne :

A. FRANÇOIS-DENIS PAPIN.

Il naquit le 24 octobre 1715, mort le 12 avril 1716.

B. JACQUES-FRANÇOIS PAPIN.

Il naquit le 15 mars 1721.

C. CHARLES-ISAAC PAPIN (qui suit).

D. MARIE-ANNE PAPIN.

Elle naquit le 15 septembre 1716.

E. FRANÇOISE PAPIN.

Elle naquit le 16 septembre 1717, décéda le 3 août 1719.

F. MARIE PAPIN.

Elle naquit le 9 juillet 1719.

G. MARIE-MAGDELEINE PAPIN.

Elle naquit le 12 novembre 1722, décéda le 23 mars 1724.

(1) Un acte d'assemblée de ville du 11 septembre 1713, l'autorisa à ouvrir dans cette maison une porte sur le Port-Neuf, pour la commodité de son commerce.

VI. CHARLES-ISAAC PAPIN

CHARLES-ISAAC PAPIN naquit à Blois, le 4 décembre 1724. Nous n'avons que peu de renseignements sur sa vie, nous savons seulement qu'il devint entrepreneur des ouvrages du Roy.

Il se maria à Orléans, le 29 avril 1749, à Marie-Élisabeth NUTEIN qui dut lui donner plusieurs enfants, mais dont nous ne connaissons que

JACQUES-CHARLES-ISAAC PAPIN (qui suit).

Charles-Isaac mourut le 14 août 1807.

(Une partie des renseignements qui suivent ont été fournis à Mr de la Saussaye par le dernier descendant de cette branche, JACQUES-FRANÇOIS PAPIN, dont il sera question tout à l'heure).

VII. JACQUES-CHARLES-ISAAC PAPIN

JACQUES-CHARLES PAPIN naquit à Orléans, paroisse Saint-Maclou, le 13 avril 1750, il est qualifié d'escuyer, et devint plus tard Conseiller du Roy, il fut également contrôleur ordinaire des guerres à la suite de la maison du Roy, charge qu'il exerça jusqu'à sa suppression en 1782. Sur son contrat de mariage, il est qualifié de licencié ès-lois, et sur l'acte de baptême de son fils Jean-Baptiste-Isaac il porte le titre de contrôleur des guerres pour les compagnies de la gendarmerie de France (garde à cheval du Roy).

Il se maria à Blois, dans l'église Saint-Solemne, le 28 mai 1771, à Marie-Anne CHARTIER DE LA CLÉMAUDIÈRE, fille mineure de feu Jean-Baptiste CHARTIER, procureur au siège présidial de Blois, alors décédé, et de Marie-Madeleine BUISSON, lesquels avaient été mariés le 4 septembre 1747. Il mourut à Orléans, le 3 novembre 1809, laissant neuf enfants, dont les quatre premiers naquirent dans la maison des Papin, à Blois, sur la place Saint-Louis devant les halles.

A. MARIE-SOPHIE PAPIN.

Elle naquit à Blois, le 11 juillet 1772, et fut baptisé à Saint-Solemne ; elle se maria le 8 septembre 1788, à M. BENOIT, d'Orléans, qui habita depuis près Brives-la-Gaillarde, dans la commune de l'Arches, et mourut le 25 décembre 1802, sur mer, s'étant embarquée à Nantes pour aller aux îles. Elle laissa un fils et une fille.

B. JEAN-BAPTISTE-ISAAC PAPIN.

Né et baptisé le 7 décembre 1773, il mourut en 1779.

C. JEAN-ISAAC PAPIN.

D. JACQUES-FRANÇOIS PAPIN (qui suit).

Ces deux derniers naquirent le même jour à Blois et furent baptisés à Saint-Solemne, le 31 mars 1775.

Jean-Isaac Papin fut receveur du canal d'Orléans et mourut sans enfants le 31 octobre 1815.

E. MARIE-VICTOIRE PAPIN.

Elle naquit à Orléans, le 17 novembre 1777 et se maria en mai 1802, à M. Mouton, marchand de fer à Orléans ; elle mourut le 3 décembre 1843, laissant de son mariage trois enfants :

1° Une fille morte en bas-âge ;

2° Un garçon mort également en bas-âge ;

3° Un fils mort célibataire le 13 mars 1853.

F. N. PAPIN, garçon mort en bas-âge.

G. N. PAPIN, fille morte en bas-âge.

H. MARIE-CHARLOTTE PAPIN.

Elle naquit à Orléans, le 3 juin 1785, et épousa plus tard le vicomte de Grenet, qui la laissa veuve en 1847 ; elle mourut sans postérité.

VIII. JACQUES-FRANÇOIS PAPIN

JACQUES-FRANÇOIS PAPIN, le dernier descendant mâle que nous connaissions de cette famille, est né à Blois, le 31 mars 1785, et a été baptisé à Saint-Solemne.

Après avoir habité Blois quelques années il alla s'établir à Orléans auprès de sa sœur Marie-Victoire, s'associa à son commerce de fer et connut ainsi Mlle MOUTON dont le frère avait épousé Marie-Victoire Papin.

Jacques-François se maria donc le 13 juillet 1825, à Mlle MOUTON et en eut quatre enfants : deux garçons et deux filles morts en bas-âges.

Devenu veuf peu de temps après, il se remaria à demoiselle JOLY, de Mer, dont il eut une fille

MARIE-ANNE-CÉCILE PAPIN.

Elle est née le 22 décembre 1836.

Existe-t-il encore d'autres membres survivants de la famille Papin, c'est ce qu'il nous est assez difficile d'établir.

A Blois même, nous trouvons un tambour de ville nommé Papin, dont le père, tambour de ville également, était fils de Pierre Papin, marié à Saint-Solemne, le 22 novembre 1786.

Nous trouvons dans la rue du Commerce, sur une devanture de magasin, le nom de Papin, quoique ce magasin qui a souvent changé de propriétaire n'appartienne plus à des membres de cette famille.

Les Papin existent encore dans d'autres villes telles que Nantes, Bordeaux, sans que l'on puisse remonter à la source de ces différentes branches; pour la famille Papin qui existait à Bordeaux, nous lisons dans la *Biographie Universelle,* de Michaud (supplément).

« Papin (Élie), né à Bordeaux vers 1760, de la même « famille que l'illustre inventeur des forces motrices de la « vapeur, était négociant dans cette ville lorsque la Révolu- « tion commença. Trompé comme tant d'autres par les illu- « sions de cette époque, il s'enrôla, en 1793, dans un corps « de volontaires nationaux qui alla combattre les Espagnols « à l'armée des Pyrénées-Orientales. Doué d'une grande bra- « voure et d'une intelligence militaire fort remarquable, il « parvint rapidement au grade de général de brigade. C'était « dans le fort de la Terreur qui pesa si horriblement sur la « France. Papin comprit alors toutes les funestes consé- « quences de cette Révolution qui l'avait séduit. Il en aban- » donna la cause : quitta le service militaire, où la plus

« brillante carrière lui était ouverte, et retourna dans sa
« patrie, où il reprit, en apparence, ses opérations commer-
« ciales, mais ne s'occupa réellement que du rétablissement
« de l'ancienne monarchie des Bourbons, qu'il croyait seule
« capable de rendre la France à son ancienne prospérité.

« Ce fut au milieu de nombreux périls qu'il créa dans ce
« but, à Bordeaux, une association qui, sous le nom d'Asso-
« ciation Royaliste, lutta longtemps avec courage et per-
« sévérance contre les divers gouvernements révolutionnaires
« qui se succédèrent au pouvoir. La plupart des chefs de
« cette association, ayant été découverts et arrêtés par la
« police du Directoire, en 1798, Papin réussit à la réorga-
« niser en 1801, et il y associa les hommes les plus distingués,
« parmi lesquels on citait Louis de La Rochejacquelein. Mais
« encore attentivement surveillés par la police impériale, ces
« hommes dévoués furent arrêtés, pour la plupart, en 1805.
« Papin, obligé de prendre la fuite, fut traduit par contu-
« mace devant un conseil de guerre, à Nantes, et condamné
« à mort le 23 frimaire an XIV (décembre 1805), comme
« ayant concouru à des projets que dirigeaient les ennemis
« de la France, et particulièrement l'Angleterre. Il se réfugia
« en Amérique, où, jusqu'à la Restauration, il ne s'occupa
« plus que d'affaires de commerce. Revenant dans sa patrie,
« il essuya un terrible naufrage, où il perdit une assez belle
« fortune que lui avait procuré le commerce et fut griève-
« ment blessé en se sauvant avec peine. Un grand dédom-
» magement de tant d'infortunes l'attendait sans doute en
« France, où cette monarchie des Bourbons, qu'il avait tant
« désirée et si bien servie lui était enfin rendue ; mais en cela,
« il éprouva encore de fâcheux mécomptes. Il lui fallut
« d'abord faire casser le jugement qui le condamnait à mort,

« et qui, de même que tant d'autres actes révolutionnaires,
« lui semblait abrogé de droit, par le seul fait de la Restau-
« ration. Pour cela, cependant, il fut obligé de paraître, le
« 3o avril 1817, devant le deuxième Conseil de guerre de la
« première Division militaire, où il entendit le rapporteur
« l'accuser encore d'avoir été un agent de l'étranger. Alors,
« ne pouvant contenir son indignation, il s'écria : Je dois à
« mon honneur, je dois à l'honneur de l'armée royale de la
« Guyenne, dont le commandement a été confié par le Roi,
« à mon zèle et à ma fidélité, de déclarer ici que je m'atten-
« dais à entendre M. le rapporteur blanchir entièrement ma
« réputation de l'imputation qui m'était faite, d'avoir été l'ins-
« trument d'une agence étrangère. Je suis Français, tous ceux
« que j'ai eus sous mes ordres étaient Français comme moi ;
« je n'ai reçu d'impulsion, je n'ai reçu d'ordres que du Roi.
« Mon cœur et mes mains sont toujours demeurés purs et
« sans taches. Je me suis toujours montré digne de me
« trouver à la tête de ceux qui s'étaient dévoués à la cause
« du Roi, sans calculer les chances qui s'opposaient au succès
« de la noble entreprise à laquelle nous nous étions livrés.
« C'est donc comme soldat dévoué au Roi et à sa cause que
« j'ai pu être condamné et que je dois être réhabilité.....
« Le conseil sentit cependant la vérité de ces observations :
« il parut honteux du rôle qu'on lui faisait jouer, et il dé-
« chargea à l'unanimité des voix le général Papin de l'accu-
« cusation à raison de laquelle il avait été condamné. Le
« duc d'Angoulême, voulant apporter quelques consolations
« aux infortunes de Papin, lui fit adresser la lettre suivante
« par le duc de Damas, son gentilhomme:
« J'ai l'honneur de vous informer, Monsieur, que Monsei-
« gneur le duc d'Angoulême s'est plu à rendre toute justice

« à vos constants et utiles travaux pour la cause royale à Bor-
« deaux, Son Altesse Royale en a été informée et en a vu les
« preuves à son entrée dans cette ville fidèle, le 12 mars 1814.
« Si elle ne vous a pas trouvée à la tête de la brave garde
« royale, primitivement organisée par vos soins au milieu
« de dangers sans cesse menaçants, elle sait que vous gémis-
« siez dans des contrées lointaines sous le poids d'une sen-
« tence de mort prononcée contre vous par les ennemis du
« Roi. Ainsi elle pense que personne n'a plus de droits que
« vous, Monsieur le Général, à porter la décoration que le
« Roi a daigné accorder aux Bordelais dévoués qui ont ac-
« compagné en armes Monseigneur à cette époque glorieuse.
« J'ai en conséquence mandé à Mr de Gombault chargé de
« l'expédition des brevets, les dispositions de Son Altesse
« Royale à votre égard. Il s'est fait un grand plaisir de m'a-
« dresser pour vous le remettre à titre d'une exception hono-
« rable et unique à la lettre même du règlement qui exige la
« présence effective sous les armes le 12 mars 1814.

« Reconnu dans son grade de maréchal-de-camp, Papin
« fut employé comme commandant du département de Lot-
« et-Garonne, et il occupait honorablement ces fonctions
« depuis plusieurs années, lorsqu'il mourut à Agen, le 5 août
« 1825. Tous les honneurs militaires lui furent rendus dans
« cette ville, et son corps transporté ensuite à Bordeaux y
« fut enterré avec une grande pompe au cimetière de la
« Chartreuse. »

PIÈCES JUSTIFICATIVES

N° 1

Contrat de mariage, devant Paul Testard, notaire à Blois, entre Paul Viet, marchand-orfèvre audit Blois, et Marie Papin, fille de noble homme Me Jacques Papin, Receveur général du domaine du comté de Blois (16 Novembre 1638).

A tous ceulx qui ces présentes lettres verront le Bailly de Blois, salut. Savoir faisons que par devant Paul Testard, notaire et tabellion royal à Blois, furent présens en leurs personnes, honnorable homme Paul Viet, marchant, demourant à Blois, fils de deffunct honneste homme Pierre Viet, vivant marchant, demourant à Chambon, et Marie Rougemont, ses père et mère, d'une part, et Marie Papin, fille de noble homme maistre Jacques Papin, Receveur général du domaine du comté dudict Blois, y demourant, et dame Jehanne Dufour, ses père et mère, d'aultre part ; lesquelles parties, de l'authorité, de l'advis et consentement mesme dudict Paul Viet, de honneste homme Pierre Viet, son frère, marchand, demourant audict Blois ; honneste homme Samuel Viet, marchant orfebvre, demourant à Vendosme, cousin-germain ; honneste femme Magdelaine Dubois, vefve de feu honneste homme Xristofle Rougemont, vivant marchant, demourant audict Blois, tente ; honneste homme Estienne Baignoulx, demourant audict Blois et Marie Rougemont, sa femme, cousine-germaine maternelle ; honneste femme Jehanne Tesnier, vefve en

derniéres nopces dudict deffunct Pierre Viet ; honneste homme Jacques
Le Maire, marchant, demourant en Vienne-lez-Blois, à cause de
Marguerite Rougemont, sa femme, cousine-germaine ; honneste homme
Jehan Mareschal, marchant demourant audict Blois, à cause de Anne
Boysinard, sa femme, cousine remuée de germain ; honneste homme
Pierre Delaunay, marchant, demourant audict Blois, cousin remué de
germain ; noble homme Jacques de Bernouville, advocat en Parlement,
demourant audict Blois, et damoiselle Marie Chereau, sa femme,
cousine ; honneste femme Anne Leboutz, vefve feu honneste homme
Pierre Arondeau, cousine. Et la dicte Marie Papin ; des dictz sieur et
dame Papin, ses père et mère ; noble homme Denis Papin, frère ; noble
homme Pierre Gousset, aussy Receveur dudict domaine et dame Charlote Papin, sa femme, sœur ; honneste homme Henry Papin, sieur de la
Robinière, oncle, et dame Marie Pauvert, sa femme ; noble homme
Charlemaigne Bellay, chirurgien et varlet de chambre du Roy, demourant audict Blois, et dame Marie Papin, sa femme, cousine-
germaine ; honneste homme Theodore Girard, maistre horloger,
demourant audict Blois et Judicht Delaunay, sa femme, cousin-germain ; honneste homme Paul Girard, marchant-drapier, demourant
audict Blois, cousin-germain ; honneste femme Anne Girard, vefve en
secondes nopces de feu Moyse Alaix, demourante audict Blois, cousine-
germaine ; noble homme Charles Dufour, sieur de Montillet, demourant à Blois, oncle, et Anne Grebelin, sa femme ; noble homme Jacques
Elizain, sieur de La Courbe, advocat en Parlement, demourant audict
Blois, et dame Anne Dufour, sa femme, tente ; Maistre Paul Testard
Le Jeune, demourant audict Blois et Catherine Dufour, sa femme et
honneste homme maistre Pierre Dufour, Procureur au siège Présidial
de Blois, cousins, dame Ester Guerin, sa femme ; noble homme Flo-
rimond de Maucourt, Conseiller et esleu pour le Roy en l'Eslection
dudict Blois, à cause de dame Catherine Picault, sa femme ; honneste
homme Maistre Jean Mahy, greffier des Eaux et Forèts du comte de
Blois, à cause de dame Marie Picault, sa femme, cousins ; honneste
femme Magdeleine Lasseron, vefve feu noble homme Claude Raoul,

vivant, receveur général du domaine dudict comté, cousine ; Nicolas
Vignier, escuyer, sieur de la Mothe ; damoiselle Roberte Moigne,
vefve feu noble homme Jehan Albanel, demourante audict Blois ; dame
Catherine Brethin, vefve feu Mesme Pauvert ; honneste homme Isaac
Delorme, marchant, demourant audict Blois ; amys, tous pour ce présens, convoquez et appelez, ont faict et font entre elles les accords,
traicté de mariage, dot, douaire, promesses, obligations et choses qui
ensuivent, assavoir que les dictz Paul Viet et Marie Papin se sont promis et promettent prendre l'un l'autre par nom et loi de mariage sytost
que l'un en requerra l'autre, les solemnitez de l'Esglize sur ce gardées
et observées, à tous et telz droictz, biens et pocessions qu'ilz ont et
peuvent avoir à leur pouvoir cy après eschoir pour estre uns et
communs ensemble du jour de leur bénédiction nuptialle en tous et
chacuns leurs biens, meubles, acquestz et conquestz immeubles selon
la coustume du bailliage de Blois, en faveur duquel présent mariage
lesdictz maistre Jacques Papin et dame Jehanne Dufour, sa femme,
de lui deuement et suffisamment authorizée, ont promis et seront tenus
donner et payer en advencement de leurs successions futures, ausdictz
futurs espoux dans ledit jour de leur bénédiction nuptialle, la somme
de quatre mil livres tournois tant en une maison assise au dict Blois,
rue du Bas-Cartier, en laquelle demoure à présent le sieur de Poin-
trad (?) pour deux mil cent livres tournois, que en deniers comptans et
rentes constituées dont lesdictz sieur et dame Papin demoureront ga-
rands, et habilleront ladicte future espouse leur fille selon son estat et
condition ; de laquelle somme de quatre mil livres tournois entrera
deux mil livres tournois en la communité d'iceulx futurs espoux, et le
reste, qui est pareille somme de deux mil livres tournois, sera et demourera nature de propre à icelle future espouse et aux siens de son
estoc et lignée, sy ladicte future espouse se survit icellelluy futur expoux
et qu'elle renonce à la communité, soict qu'il y ait enfans ou non dudict
mariaige, elle reprendra ladicte somme de quatre mil livres tournois
avecq ses habits, bagues et joyaux selon la valeur cy après, et son
douaire aussy cy après à elle accordé franchement et quittement de

toutes debtes encor qu'elle y eust parlé, ensemble les biens immeubles qui luy pourront estre escheuz par succession ou aultrement pendant ledict mariage, lesquelz biens qui luy seront ainsy escheuz lui tiendront aussy nature de propre à elle et aux siens de son dict estoc et lignée, les enfans qui seront issus de leur dict présent mariaige auront mesme droict de renoncer à la communité, au quel cas de renonciation lesdicts enfans reprandront ladicte somme de quatre mil livres tournois et lesdictz biens immeubles qui seront eucheuz à ladicte future espouse pendant icelluy présent mariage, et quant aux héritiers colatéraux de ladicte future espouse, si elle décède sans enfans, lesdictz héritiers, au dict cas de renonciation, reprendront la somme de trois mil livres tournois, faisant partie desdictz quatre mil livres tournois, et lesdictz immeubles qui seront escheuz à icelle future espouse, comme dessus seulement, le tout franchement et quittement de toutes debtes, ores qu'elle y eust parlé et y fust obligée avec ledict futur espoux, le survivant desdictz futurs espoux reprandra par préciput, assàvoir ledict futur espoux ses habits, armes et utencilles à son usage jusques à la valleur de six cens livres tournois, et ladicte future espouse ses habits, bagues et joiaux jusques à pareille valleur de six cens livres tournois. Ledict futur espoux aussy en faveur du présent mariaige, apportera et fournira dans ledict jour de leur dicte bénédiction nuptialle, pareille somme de deux mil livres tournois en ladicte communité. Et quant au surplus de son bien, demourera nature de propre à icelluy futur espoux et aux siens de son estoc et lignée, duquel bien à ceste fin sera faict bon et loyal inventaire entre lesdictes parties en présences desdictz père et mère de ladicte future espouse, comme aussy demourera nature de propre à icelluy futur espoux et ausdictz siens de son estoc et lignée les biens immeubles qui luy seront escheuz et advenus par succession ou aultrement pendant leur dict présent mariaige, et a ledict futur espoux doné et done à icelle future espouse, sy douaire a lieu et qu'il n'y aie aucun enfant vivant de leur dict présent mariage, de la somme de deux mil livres tournois une fois payer, et s'il y a enfant ou enfans vivans, de la somme de quinze cens livres, seulement, aussy une fois payer et icelluy douaire prandre par ladicte future espouse sur la part et portion des héritiers d'icelluy futur espoux et ses propres après partaige faict, lequel douaire demourera propre à icelle future espouse sans aucune subcotion de raport ou de douaire coustumier au choix et option de ladicte future espouse, car ainsi le tout a esté dict et acordé entre lesdictes parties promettant quant à ce icelles parties par leur foyer la main dudict notaire entretenir et accomplir tout le contenu en ces présentes sans y contrevenir ne rien dire encontre à peine de tous despens, dommages et interests payer, obligeant quant a ce lesdictes parties respectivement l'une a l'autre et soubmirent pour ce du tout à la jurisdiction et contrainte de nostre cour royal de Blois et a toutes aultres avec tous et chacuns leurs biens meubles et immeubles, présens et advenir, renonceant quant à ce à toutes choses généralement quelzconques à ce contraire, et sont les présentes subjectes au scel selon l'édict du Roy.

Ce fut fait et passé au dict Blois en la maison desdictz sieur et dame Papin, es présences de tous les susnommez Nicolas Dutens et Nicolas Pastourel, clercs tesmoins le samedy sixiesme jour de novembre mil six cent trente huict après midy. Ainsy signez en la minutte :

Paul Viet, Marie Papin, S. Viet, J. Tenière, Viet, Papin, Jehanne Dufour, de Bernonville, Mareschal, Baignoulx, De-launay, Magdeleine Dubois, Marie Chereau, Anne Boutz, Papin, Gousset, Papin, Jehanne Papin, Papin, Charlote Papin, Marie Pauver, Dufour, Anne Gribelin, J. Clizain, A. Dufour, Judicht Delaunay, Girard, Bellay, Marie Papin, Anne Girard, Virginie, Anne Testard, Demancourt, Mahy, R. Moigne, Dufour, Ester Guerin, Catherine Dufour, M. Debarneau, Catherine Bertin, B. Soret, Delorme, Dutens, Pastourel.

Testard, notaire susdict et soubzsigné, etc.

TESTARD (avec paragraphe).

Et le treiziesme jour de décembre du dict an mil six cens trente huict après midy pardevant ledict Testard, notaire sont comparus personnellement lesdicts Paul Viet et Marie Papin, sa femme de luy authorizée, des nommez futurs époux ou contrat de mariaige de l'autre part, lesquelz ont confessé avoir eu et receu desdictz Maistre Jacques Papin et Jehanne Dufour, sa femme de luy aussy deuement et suffisamment authorizée des nommez ou dict contract à ce présens, la somme de quatre mil livres tournois que lesdictz sieur et dame Papin estoient obligez leur donner et bailler en faveur de leur mariaige par icelluy contract dudict aultre part, assavoir douze cens livres tz (sic) en deniers comptans que iceulx Viet et sa femme ont touchez, pris et receuz, deux mil cent livres tournois en une maison couverte d'ardoises appartenant à iceulx sieur et dame Papin de leur acquest, assise en ceste ville de Blois rue du Bas Cartier, ainsy qu'elle se poursuit et comporte de ses appartenances et deppendances quelzconques sans en rien excepter ne réserver, chargée de pur cens envers les sieurs de sainct Sauveur et sainct Jacques dudict Blois et de droict de fraistaige envers le Roy nostre sire et tout ainsy qu'elle est déclarée par le contract de vente qui en a esté faicte à maistre Henry Dufour par feu Thomas Rigault et Anne Girard sa femme, Théodore Girard et sa femme et leurs frères et sœurs, passé devant ledict notaire le vingt-huictiesme jour de décembre mil six cens vingt-trois, duquel sieur Dufour lesdictz sieur et dame Papin ont eu ladicte maison par acte de retraict lignaiger aussy passé devant ledict notaire en la marge dudict contract de vente le quatriesme jour de juillet mil six cens vingt-six, et le reste qui est sept cens livres tournois en rentes constitués montant pareille somme en sort principal qui ensuivent, savoir est dix-huict livres quinze sols tournois de rente annuelle et perpétuelle, rachaptable de trois cens livres tournois deue, rendeue et constituée a feu hounette homme François Papin, père dudict maistre Jacques Papin et duquel il est héritier par deffunctz Simon Pou, vivant vigneron, demeurant à Villebresme, paroisse de Villebarou, et Gervaise Le Noir, sa femme solidairement par contract reçeu par ledict Testard, notaire, le dix-septiesme jour de Febvrier mil six cens sept et de laquelle rente Jean David, vigneron, demourant audict lieu et Marie Pou, sa femme, comme héritiére et biens tenans desdictz deffunctz Pou et sa femme, père et mère de ladicte Marie Pou ont passé nouvel titre et déclaration d'hipotecque audict maistre Jacques Papin, devant ledict notaire le vingt-troisiesme jour d'Apvril mil six cens trente quatre; douze livres dix sols tournois aussy de rente annuelle et perpétuelle rachetable de deux cens livres tournois deue rendue et constituée à feu dame Simone Peloquin, vefve dudict deffunct François Papin et mère d'icelluy maistre Jacques Papin, de laquelle il est héritier et a les droictz en ceste partie par lesdictz deffunctz Simon Pou et sa femme et David sollidairement par contract receu par icelluy Testard, notaire, le vingt-septiesme jour de novembre mil six cens dix, et unze livres deux sols deux deniers tournois de rente annuelle et perpétuelle rachetable de deux cens livres tournois par Claude Raderon vefve feu Georges Pezant, Pierre et Ezaie Pezant et Jean Bouillon, demourant en ceste ville et faulbourgs de Blois solidairement deue, rendue et constituée audit maistre Jacques Papin, par contract passé devant Me Prudhomme, notaire audict Blois, le dix-septiesme jour de Mars mil six cens trente-sept, desquelles maison et rente à ceste fin et par ce moyen lesdictz sieur et dame Papin ont faict et font par ces présentes, délais, cession et transport dès maintenant à tous jours mais, promis et promettent les garantir envers et contre tous, mesme faire valloir icelles rentes, tant en soit principal que cours et continuation d'arrerages auxdictz Viet et sa femme acceptans pour en jouir par eulx leurs hoirs et ayans cause doresnavant à tous jours mais, et leur ont présentement baillé et dellivré les contractz d'aquest et constitution d'icelles maisons et rentes susdictes en parchemin, de laquelle somme de quatre mil livres tournois ainsy payée et receue, que dict est, ensemble des habitz d'icelle Marie Papin par elle receuz au désir dudict contract, lesdictz Viet et sa femme se sont tenus et tiennent pour contans et bien paiez et en ont quitté et quittent iceulx sieur et dame Papin leurs hoirs et ayans cause, étant lesdictz sieur et dame Papin réservé à eulx les arrerages deubz et escheuz desdictes rentes, du passé jusques à ce jourdhuy, et par ces mesmes présentes ont lesdictz sieur et dame Papin, Viet et sa femme, respectivement recogneu et confessé avoir faict et arreste entreulx selon le contenu en icelluy contract de mariaige et sur leurs signatures manuelles et de Claude Lubin, maistre orfebvre audict Blois, l'inventaire au vray et estimation du bien d'icelluy Viet dès le seizeiesme jour de novembre dernier passé cy par eulx représenté, montant huict mil huict cens quarante-huict livres tournois, signé Paul Viet, Marie Papin, Papin, Jehanne Dufour et C. Lubin, par eulx unanimement présentement recogneu véritable, et demouré, eulx ce requerans, ay dellivré le présent acte pour leur servir et valloir en temps et lieu ce que de raison. Faict et passé audict Blois en la maison dudict sieur Papin, es présences de Nicollas Dutens et Nicollas Pastourel, clers, tesmoins, lesdictz jours treizeiesme de décembre et an mil six cens trente-huict après-midy. La minutte est signée Papin, Jehanne Dufour, Paul Viet, Marie Papin, Dutens, Pastourel et Testard, notaire.

Ensuict la teneur de l'inventaire duquel est cy-dessus faict mention.

Inventaire des choses appartenantes au sieur Paul Viet desquelles il est dict par son contract de mariaige avec dame Marie Papin, sa femme, qu'inventaire seroict faict pour luy demourer propre sauf la somme de deux mil livres qui doibt entrer en la communaueté.

Premièrement trois diamans espoix dont l'un pèse dix grains, l'autre neuf grains et l'autre huict grains, estimez à la somme de seize cens livres tournois, cy   XVIᶜ tz.

Plus deux anneaux de diamans espoix de quatre grains et demy pièce, estimez la somme de six cens livres tournois, cy   VIᶜ tz.

Plus huict petitz diamans espaix estimez ensemble à la somme de quarante livres tournois, cy   XL tz.

Plus huict anneaux de Turquoise de la vieille Roche, estimez ensemble la somme de cent livres tournois, cy   c tz.

Plus deux anneaux de rubis estimez ensemble à la somme de quarante livres tournois, cy   XL tz.

Plus cent cinquante-trois Turquoises hors-d'œuvre de la Vieille-Roche, estimées à ung escu pièce, qui est pour tout quatre cens cinquante-neuf livres tournois, cy   IIIIᶜ LIX tz.

Plus deux cens quatorze Turquoises moienes estimées à raison vingt sols la pièce, à la somme de deux cens quatorze livres tournois, cy   IIᶜ XIIII tz.

Plus quarante douzaines de petites Turquoises estimées à raison de vingt sols la douzaine à la somme de quarante livres tz, cy   XL tz.

Plus trente-six Turquoises aussy de la vieille Roche, estimées à raison de vingt-cinq sols pièce, à la somme de quarante-cinq livres tournois, cy   XLV tz.

Plus vingt-neuf douzaines de petitz rubis d'applique estimez à raison d'ung escu la douzaine, la somme de quatre-vingtz-sept livres tz, cy   IIIIˣˣ VII tz.

Plus trente-huict douzaines de petitz rubis bruts estimez à raison de vingt sols la douzaine, la somme de trente-huict livres tz, cy   XXXVIII tz.

Plus quatre Turquoises fort grandes estimées à la somme de quarente livres tournois les quatre, cy   LX tz.

Plus cinq saphirs d'Orient, dont il y en a trois blancs, ung viollet et ung jaulne, estimez dix-huict livres tournois pièce, la somme de quatre-vingtz-dix livres tournois, cy   IIIIˣˣ X tz.

Plus la somme de trois cens livres tournois à luy deue par promesse du sieur Soret, horlogeur à Paris, cy   IIIᶜ tz.

Plus par cedulle des orlogeurs de Blois, cent livres tournois, cy c tz.

Plus par cedulle de Monsieur Papin, quatre mil livres tournois, cy   IIIIᵐ tz.

Plus en derniers comptans cinq cens soixante livres tournois, cy   Vᶜ LX tz.

Une montre à boîte d'or du prix de cent dix livres tournois, cy CX tz.

Ung mouvement de montre vallant   XXV tz.

Plus douze anneaux, l'un de diamants, l'autre d'émeraulde par luy donnez à sa femme, estimés ensemble à la somme de   IIIᶜ tz.

L'inventaire cy-dessus faict se monte à la somme de huict mil huict cens quarante huict livres tz, suivant l'estimation faicte des pierreries y contenues par le sieur Lubin, maître orfebvre à Blois, qui a dict icelle estimation estre en sa conscience selon leur juste valleur, dont ladicte

Marie Papin et les père et mère d'icelle présens audict inventaire sont demourez d'accord.

Faict à Blois, le seizeiesme novembre mil six cens frente-huict, ainsy signé en la minutte Paul Viet, Marie Papin, C. Lubin, Papin et Jehanne Dufour.

TESTARD (avec paragraphe).

N° 2

GÉNÉALOGIE BAIGNOUX

M. de la Saussaye, membre de l'Institut, a été, dans l'exécution de son travail, aidé par M. A. Péan, dont le nom se trouve justement accolé au sien sur le premier volume de cet ouvrage. M. Péan avait accompagné son maître et ami en Angleterre et en Allemagne pour lui faciliter ses recherches sur Denis Papin.

Nous avons vu les relations de famille qui existaient entre Simone Pelloquin, femme de François Papin et Jeanne Pelloquin, femme d'Olivier de la Saussaye ; ici nous allons voir que la femme du collaborateur de M. de la Saussaye descend en droite ligne de Marie Papin, tante du grand physicien.

Marie Papin épousa Paul Viet, le 16 Novembre 1638 (comme nous l'avons vu plus haut), et en eut sept enfants, dont Marguerite Viet, dont nous allons parler.

I. PAUL BAIGNOUX, marchand-orfèvre à Blois, né à Mer, épousa Anne BASCHET, et abjura le protestantisme ainsi que sa femme, le 27 décembre 1702.

Devenu veuf, il épousa en secondes noces Marguerite PAPIN, dont il est question au mariage de Madeleine Papin, il mourut en laissant de son premier mariage ISAAC BAIGNOUX.

II. ISAAC BAIGNOUX, orfèvre, épousa en 1703, Marguerite Viet,
dont il eut trois fils.

    A. Paul BAIGNOUX, marchand, qui épousa en 1739, M. A. CHARLES,
        dont il eut :

            P. P. BAIGNOUX, pharmacien, qui épousa en 1772, Made-
            leine GAUTRON, dont il eut :

                Adelaïde BAIGNOUX, qui épousa P. Ch. GUERITEAU (1).

    B. Isaïe BAIGNOUX, orfèvre, qui épousa Marie ROGER. Il mourut
        le 5 Août 1787 (S. Solemne), laissant un fils :

            P. BAIGNOUX, dont la postérité est inconnue.

    C. Pierre BAIGNOUX, marchand de soie, qui marié à Marie CHAR-
        TIER eut 3 enfants :

            1. Louise-Thérèse BAIGNOUX, qui épousa en 1767, Jean-
              Gabriel MARTIN (2), d'où :

                Nᵉ Martin, femme de Mᵉ Chambert et nièce de Nᵉ
                Chambert, qui épousa ledit Al. PÉAN, Président
                du Tribunal de Commerce.

            2. P. BAIGNOUX, chanoine à Blois.

            3. Pierre-Philippe BAIGNOUX, juge à Tours.

Nᵒ 3

Le père de Madeleine Pineau, Michel Pineau, docteur en
médecine, à Romorantin, quitta également la France à la
révocation de l'Édit de Nantes, car nous le retrouvons à
Marbourg où il signa comme docteur en médecine et professeur à l'Université de Marbourg, le contrat de mariage de
son petit-fils Denis Papin.

(1) Dont la fille épousa M. Pillotte.
(2) Fils mineur de feu Jacques Martin, en son vivant marchand et de Françoise Grignon-Bonvalet.

Non content de sa charge de Receveur général, Denis Papin se livra au commerce des vins ; l'acte suivant du 13 juillet 1646 nous éclaire à ce sujet.

13 Juillet 1646.

Noble homme Denis Papin, recepveur du comté de Blois, demandeur par Guenette et en personne contre Denis Bellanger ?

Le demandeur a persisté aux fins de sa requête. Le deffendeur a soustenu le demandeur mal fondé et non recepvable en ses conclusions, il offre comme il a cy devant fait recevoir du demandeur la quantité de vin qu'il lui a vendu bon loyal et marchand à prendre es lieux désignés par le traicté, et accepte dès à présent de prendre en déduction de la dite livraison vingt-deux pièces chez la dame Papin, sa mère, en la closerye des Coudrays, quarante-quatre en la paroisse d'Ouschamp, scavoir dix-huit chez la dame Tessier, et le surplus jusqu'au nombre de quarante pièces, chez le curé du dit Ouschamp, les nommés Henry Plouard, la Duplessis, Guillaume de Beynes, et encore en la paroisse de Chistenay dix-huit pièces, revenant le susdict nombre à quatre-vingts pièces, et ainsy ne resteroit plus des deux cents pièces que six vingts pièces que le deffendeur offre recevoir en la paroisse de Cour-Cheverny quarante pièces, autres quarante pièces à Favras, et pareille quantité de quarante pièces en la paroisse de Cheverny, offrant encore davantage payer à la même heure de la livraison le dict vin.

Persisté nonobstant par le demandeur qui a dit avoir proposé au deffendeur plus de huit cents pièces de vin dans les closeries qu'il a désignées, qu'il leur a baillé à prendre es paroisses de Chistenay et Ouschamp dans lequel nombre il soustient y en avoir plus de deux cents pièces de la qualité qu'il est obligé livrer au deffendeur ainsy qu'il se peut voir par la visitation qui en sera faicte et à ce moyen doibt prendre et recevoir le dict vin et en faire le payement conformément au traité faict entre eux, ne servant de rien d'alléguer qu'il n'y a point du dict vin à prendre dans la paroisse de Cour-Cheverny et Favras, d'autant que si le dict demandeur eust peu trouver le dict nombre dans un seul sellier de l'une des dictes paroisses, le dict deffendeur seroit tenu de les prendre étant comme il est de la quallité portée par le dict traitté, remonstrant que le vin de la closerye de la dicte dame Papin est recueilly dans les clos de Favras dans laquelle closerye il debvoit prendre jusqu'à cent pièces de vin s'ils s'y fussent trouvez, et en cas de contestation requiert que visitation sera faite en tous les dicts lieux désignés au dict deffendeur pour recongnoistre qu'il y a plus de deux cens pièces de vin de la qualité qu'il est tenu de fournir.

Et tout ce que dessus il dit pour et au profit de Jacob Chaucois, marchand, auquel il a fait transport du marché fait avecq le deffendeur.

Le deffendeur a persisté en ce qu'il a dit ci-dessus, et de plus qu'il ne cognoit point le nommé Chaucois, n'a fait aucune convention avec luy, et que par le mémoire fourny par le demandeur pour livrer le vin par luy vendu, il n'y a point à prendre ès lieux et paroisses de Cour-Cheverny ny Favras.

Renvoyé à l'audience au premier jour et sera fait droit sur la visitation du dict vin.

Signé : PAPIN.

(Archives du Baillage.)

N° 4

Contrat de mariage de Madeleine Papin et de Jacques Leclerc passé devant M⁰ Malescot, notaire, le 30 avril 1661 (1).

Furent présents personnellement, noble homme Jacques LECLERC, fils de defunct noble homme Pierre LECLERC, vivant conseiller et eleu pour le Roy en l'élection de Romorantin, et de dame PAJON, sa femme,

(1) Ce contrat de mariage fait partie des pièces conservées dans l'étude de M⁰ Meusnier, notaire à Blois.

ses père et mère, demeurant en cette ville de Blois, d'une part, et damoiselle Magdelaine PAPIN, fille de noble homme Denis PAPIN, conseiller du Roy, recepveur général du domaine du comté de Bloys, demeurant au dict Bloys, paroisse Saint-Solaine, et de dame Magdelaine PINEAU, sa femme, ses père et mère, d'autre part. Les quels du bon vouloir, consentement et approbation de leurs parents et amis pour ce, présents convoqués et assemblés, savoir de la part du dict futur époux : de noble homme Isaac LECLERC, conseiller et eleu pour le Roy à Romorantin, son frère; damoiselle Elysabeth LECLERC, veuve de noble homme (en blanc) de BERNOUVILLE, advocat, seigneur des OYSEAUX, sa sœur; Me Jacques de BASTARD, escuyer, seigneur de BOUSSAY, et dame Louyse LECLERC, son épouse, sa sœur ; noble homme Me Daniel PAJON, greffier de cette élection de Bloys, et dame Margueritte BELON, sa femme, son oncle maternel; dame Marguerite PAJON, leur fille, femme de noble homme Paul BAIGNOUX, sieur du MOUSSEAU, aussi sa cousine; noble homme Jacques LECLERC, sieur de la CHESNAYE, et damoiselle Marie MORIN, sa femme, son cousin germain; noble homme Henry PAJON, sieur de Léjumeau, et damoiselle .... sa femme, ses cousin et cousine; noble homme Pierre PIÉQUET, sieur de LONGUEVAL, son cousin; noble homme François BOREAU, sieur du TOUSCHET, et de dame Magdeleine GRIMAULDET, sa femme, ses cousin et cousine; noble homme Charles de BERNOUVILLE, sieur de la CHANCELLIÈRE, aussi son cousin.

Et de la part de la dicte damoiselle future épouse, et des dicts dame et sieur PAPIN, ses père et mère; noble homme Pierre GOUSSET, conseiller du Roy, aussi receveur général du domaine du comté de Bloys, son oncle, à cause de deffunct dame Charlotte PAPIN, sa femme; noble homme Paul-Charles, sieur de SUBLET, et de dame Marie PAPIN, sa femme, ses oncle et tante; dame Margueritte PAJON, veuve de feu noble homme Isaac PAPIN, vivant aussi conseiller du Roy, receveur général du domaine, sa tante à cause du dict deffunct; damoiselle Jehanne PAPIN, fille, sa tante; noble homme Gabriel PINEAU, seigneur de Vantuaux, conseiller, et receveur général des finances de Monsieur, frère du Roy, et honorable homme Samuel PINEAU, marchand, bourgeois de Tours, ses oncles ; noble homme Henry DUFOUR, conseiller et médecin du Roy, son oncle ; dame Marie PAUVERT, veuve de noble homme Henry PAPIN, sieur de la ROBINIÈRE, sa tante ; dame Anne GRIBELIN, veuve de noble homme Charles DUFOUR, seigneur de Montillet, sa tante ; noble homme Charlemagne BELLAY, conseiller du Roy, controlleur du domaine du dict Bloys, et dame Marie PAPIN, sa femme, ses cousin et cousine ; honorable homme Théodore BURGOIS ? marchand horlogeur, son cousin ; dame Anne Gousset, veuve de honorable homme Paul........ vivant marchand drapier ; honorable homme Charles DUFOUR, marchand orfèvre, et Suzanne BELLANGER, sa femme ; honorable homme maître GIRARD, marchand horlogeur, et Madeleine DECOUDRE, sa femme ; noble homme Adam FALAISEAU, et damoiselle Françoise PINEAU, sa femme ; honorable homme Jacques CADIOU..... et Anne GIRARD, sa femme ; honorable homme (en blanc) LEFEBVRE, bourgeois de Bloys ; honorable homme Michel TURMEAU, marchand horlogeur, et Rachel ALLARD, sa femme, tous leurs cousins et cousines.

COMPARURENT ET CONFESSÈRENT à Claude BELOT, escuyer, seigneur de CHALAMIÈRE, conseiller du Roy, lieutenant particulier au baillage et siège présidial de Bloys, maître Paul-Charles Le Vasseur, chevalier, seigneur de FLOGOT, capitaine au régiment de FRASON, et dame Marie ALLAIRE, son épouse, leur cousine, avoir fait et font par les dictes présentes, entre elles un accord, traité de mariage, douaire, promesse et obligation et choses qui ensuivent. C'est à scavoir que les dicts sieurs Jacques LECLERC, et damoiselle Magdeleine PAPIN ont promis et promettent de prendre et accepter .... par mariage en face d'Église, sitôt et incontinent que l'un en sera requis par l'autre, pour estre uns et communs ensemble en tous biens et meubles, acquets conquets et immeubles du jour de leur mariage, suivant la coutume du baillage de Bloys. EN FAVEUR du quel mariage, les dicts sieur et dame, père et mère de la dicte demoiselle, future épouse........ du dict sieur .... suffisamment octroyé ensemblement et solidairement chacun d'eux, seul et pour division de partye, renonçant aux bénéfices de la dicte division, ordre de droit et de sanction, promettent et obligent payer et bailler à la dicte damoiselle, future épouse, leur fille, en advencement de leur succession future dans le jour du dict mariage, la somme de sept mille cinq cens livres tournois tant en rentes constituées .... dont ils demeureront garants, qu'en deniers comptant et outre ce..... habillements et habits nuptiaux selon sa condition. De la quelle somme on entrera en la communauté la somme de deux mille cinq cens livres et le surplus demeurera propre à la dicte damoiselle future épouse et aux siens de son estoc et lignée. MOYENNANT lequel advantage fait à la dicte damoiselle future en cas qu'il arrive décès de l'un des père et mère d'icelle damoiselle, lesdicts sieur et damoiselle, futurs époux, ne pourront demander aucun compte ni partage, sinon en rapportant effectivement la somme de sept mille cinq cens livres qui leur aura esté ainsi payée. AU REGARD du dict sieur futur époux, il est..... de ses droits qui lui sont échus sur la succession de ses deffunts père et mère, ce qu'il les a pu accroître et changer depuis. DESQUELS biens il entrera pareillement en la dicte communauté la somme de deux mille cinq cens livres, et le surplus de ses biens lui demeureront aussi propres et aux siens de son estocq et lignée. SI DURANT le mariage, il est vendu et remboursé où autrement aliéné des biens propres de l'un des futurs époux, remploy en sera fait à son profict d'autres biens, qui lui demeureront de même....... et sera fait reprise à son profict et aux siens de son estocq et lignée sur ses biens de la dicte communauté, et s'ils ne suffisent, remploy en sera fait au profit de la dicte damoiselle future épouse de ses propres biens alliénés sur les propres biens du dict sieur futur époux qui demeureront dès à présent affectés et hypothéqués et en sera l'action aussi propre à la dicte future épouse et aux siens de son estoc de lignée.

CE QUI ESCHERRA à chacun des dicts époux pendant le dict mariage, par succession, donation ou autrement demeurera propre à celui à qui il escherra et aux siens de son estocq et lignée, à l'égard des héritages en immeubles seulement. Le SURVIVANT des dicts futurs époux, prendra par préciput sur les biens de la communauté, si c'est la future épouse, les habits, bagues et joyaux, et si c'est le futur époux, ses habits, livres ou pour eux la somme de six cents livres, au choix et option du survivant : SERA PERMIS à la ditte damoiselle future épouse et à ses enfants seulement de renoncer à la ditte communauté ou icelle accepter, au quel cas de renonciation, emporteront tout ce qu'elle aura apporté au dict mariage et ce qui lui sera eschu pendant iceluy par succession, donation et autrement aussi que le préciput cy dessus et le douaire........ franchement et quittement de toutes debtes, combien quelle y soit obligée, dont elle sera acquittée, par le dict sieur futur époux dessus ses biens, qui y demeurent aussi dès à présent affectés et obligés et hypothéqués.

A LE DICT sieur futur époux, donné et donne la ditte damoiselle future épouse, en cas que douaire ait lieu et que durant le dict mariage il n'ait point d'enfants au jour de la dissolution d'iceluy, de la somme de trois mille livres et s'il y en a un ou plusieurs de la somme de quinze cents livres à prendre avant tout partage sur la portion des biens des héritiers dudict sieur futur époux, une fois payables ....

Faict et passé à Bloys en la maison du dict sieur Papin en présence de maître Guillaume Malescot et Philippe Monny, notaires demeurant à Bloys.

Ce jour le trente jour d'avril mil six cent soixante-un après-midi.

Ont signé :

Leclerc, Madeleine Papin, Papin, M. Pineau, C. Belot.

Turmeau, Leclerc, M. Turmeau, de Bastard, L. Leclerc, Pajon, Élisabeth Leclerc, Picquet, Moreau, Margueritte Belon, M. Grimaudet, H. Duffour, Pajon, M. Pajon, Marie Morin, de Bernouville, Gousset, Marie Laignet, Marie Pauvert, (illisible), P. Charles, Anne Gribelin, Paul-Charles Le Vasseur, Pineau, Marie Papin, Jeanne Papin, M. Pajon, M. Allaire, L. Pineau, Dufour, Lefevre, Girard, Bellay, Marie Gousset, Marie Papin, M. Turmeau, Girard, Suzanne Bellanger, Magdeleine Decoudre, Rachel Allard, Anne Viet, Catherine Dufour, Pierre Cadiou ; Malescot et Monny, not.

N° 5

PIÈCES RELATIVES A LA SEIGNEURERIE DES COUDRETS

PREMIÈRE PIÈCE

*Partage des Terres, Bois et Prez des Coudrais, entre Monsieur Papin
et Madame des Coudrais*

Premièrement. — La pièce de terre labourable estant au bout du clos de lad. dame des Coudrais contenant 10 boisselées se partage en deux, sçavoir la moitié du costé du vent d'amont le long du clos de la d. dame à elle et le costé du vent d'abas aud. sieur Papin.

La pièce du poirier de la boiste contenant 13 boisselées se partage par moitié le costé du vent d'amont aud. sieur Papin et du vent d'aval à la ditte dame des Coudrais.

Les terres de la Jacquetière contenant 12 boisselées ou environ se partagent par moitié le costé du vent d'amont aud. sr Papin, et le costé du vent d'abas à lad. dame.

La grande pièce des charronnes se partage aussi sçavoir le grand reage en deux. Le costé du vent d'amont aud. sr Papin et d'aval à lad. dame des Coudrais, et quant aux Coubs réages led. sr Papin aura le vent d'abas et lad: dame des Coudrais le vent d'amont.

Les terres des fonds des Joignettes se partagent aussy, sçavoir le grand reage par moitié le costé d'amont aud. sieur Papin et le costé d'abas à lad. dame et appartient aud. sieur Papin pour remplir le moins d'arpentage de son lot les 3 boisselées abuttant sur le chemin des aseur vers amont, de sollere au clos de lad. dame des Coudrais et de gallerne aux dames de Laguische.

Neuf boisselées aux Montillets et les six qui y joignent estant le long du schemin de Shitenay aux Coudrais, du vent d'abas appartiennent à lad. dame des Coudrais.

La bregeonnée des Montillets abuttant sur les vieilles perrieres du vent de sollerre et d'amont au shemin de Shitenay aux Coudrais cont. 17 boisselées appartient aud. s^r Papin.

Quatorze boisselées dans le milieu des Montillets dont quatre planches auancent vers les grands Maisons appartiennent aud. sieur Papin.

Demy arpent en bregeons le long du shemin de Shitenay aux Coudrais vers amont appartiennent à lad. dame des Coudrais.

Plus neuf boisselées ou environ abuttant sur led. shemin vers amont et joignant de gallerne au s^r Barthelemy et de sollerre la grande pièce qui descend à l'Estang des dames.

De lad. grande pièce qui descend à l'Estang des dames appartient à lad. dame des Coudrais un arpent au vent d'amont et un arpent aud. s^r Papin au vent d'abas. Le surplus de lad. pièce est laissé en commun entre eux pour shemin et Pastureaux. (')

Fait double sous nos seins, ce 11e no^{bre} 1673.

PAPIN, M. PAJON.

(') Depuis lad. pièce laissée en commun a esté partagée, sçauoir le costé d'amont audict s^r Papin et le costé d'aual à lad. dame des Coudrais, le chemin entre deux.

Les terres des terrages se partageront sçauoir le morceau de la kanelle, le costé d'amont à Madame des Coudrais et costé le d'aval audict s^r Papin.

Le grand morceau qui abute sur la fosse des Barbarins le vent de soierre à lad. dame des Coudrais et de galerne aud. s^r Papin.

Les 8 boisselées proche le s^r Bodin, le vent d'amont à lad. dame des Coudrais, le vent d'abas aud. s^r Papin.

Le pastureau dudict lieu des terrages demeure en commun et les terres des chemins.

(parafe)   M. P.

Les prez despendans dudict lieu des Coudrais assis à Boudron, au pont de Seur et dans la prairie de la Mothe proche le Moulin neuf, se partagent chacun par moitié du vent d'abas à laditte dame des Coudrais.

La grande pièce d'heritage tant en labourage que pastureaux dans laquelle est la fosse du chemin proche de nos maisons, joignant d'amont à l'Estang des dames et d'aval au clos de lad. dame des Coudrais demeure en commun entre les parties non compris le petit bois de haulte futaie faisant le coin de lad. pièce vers amont et galerne.

Comme aussi demeure en commun le pastureau du Champfournier estant au bout du clos dud. sʳ Papin vers aval et joignant au clos de lad. des Coudrais des vents de gallerne et aval.

(*) Ensemble le pastureau de la Ragerie autrefois en vigne avec la masure y estant joignant aux taillis des grands maisons vers amont et solerre.

PAPIN. M. PAJON.

(*) Ce pâtureau aujourd'hui en bois taillis est resté à la closerie de Denis Papin, ce 15 mars 1759.

(†) Aujourd'huy M. Girault.

DEUXIÈME PIÈCE

Arpentage par Monsieur et Madame Papin, ainsy gˡ a esté mesuré à la corde et mesure de Blois, par nous soubziné ainsy qu'yl ensuit.

Premièrement. — Une pièce de bois taillis en congnée, size à la Bistourrie, parroisse de Chistenay, joignant d'un long d'amont aux taillis des Dames de la Guische, d'aud' (1) en congnée au sʳ Pinon et sur le chemin dudict lieu à Feins, d'un bout de gallerne auy sʳ Pinon, et d'autre bout aux tailles du sʳ Dunoyer, contient en tout neuf boissellées partagées en deux, dont la moitié contenant 4ᵇ 1/2 à prendre d'aval en congnée est echeue et appartiendra au sʳ Papin ainsy qu'elle a esté bornée et tenant damont à celle echeue à lad. dame Papin.

Plus aura ledit sʳ Papin une autre pièce de bois taillis, size aux Renar-

(1) D'une part, d'autre part.

dières, de laditte paroisse joignant d'un long d'amont à la taille echeue
à lad. dame Papin, cy apres daud' long à la pelouze dudict lieu, d'un bout
au chemin de la Gagerie et Estang vieil daud' aux taillis des Dames de
la Guische, contenant un arpent demie boissellée que led. s^r Papin aura
joint qu'elle est plus endommageante que celle donnée à laditte dame
Papin avec encore le quartier de taillis non arpenté qui est enclavé dans
les taillis du s^r Dunoier. Et attendu qu'il y a des chesnes dans le lot
de lad. dame est accordé quelle doibt retourner dix livres aud. s^r
Papin (¹).

Et pour lad. dame Papin aura une pièce de bois taillis size audict lieu
de la Bistourie partagée auec celle cy dessus conten. 4 boissellées 1/2,
joignant d'aval au lot dudit s^r Papin, daud' long d'amont aux taillis
desdittes Dames de la Guische d'un bout au s^r Pinon, de gallerne et de
solerre aux tailles ducy s^r Dunoier.

Plus aura un autre morceau de taillis, sis aux Renardières, contenant
onze boissellées et demie, joignant daual à celle echeue aud. sieur
Papin, décédé ; d'amont au s^r Dunoyer, et a un auctre quartier de
taillis y tenant, non arpenté, et qui appartiendra à lad. dame Papin,
pour l'egaler à celle echeue auz s^r Papin, d'un bout de gallerne au susd.
chemin de la Gagerie et Estang vieil d'aud. de solerre aux taillis des
dittes dames de la Guische.

Lequel arpentage, je certifie estre veritable suivant la montre qui
m'en a esté faicte, bien et deuement bornée entre les parties avant ce
jour et en leur presence, le tout à la corde et mesure de Bloys. En foy
de quoy j'ay signé seul le present procès verbal à Chitenay, le x jan-
uier 1678. Signé : Poirier, no^{re}.

L'original dont copie est cy dessus est en mes mains, et je prometz en
aider ma sœur des Coudrais toutes fois et quantes.

PAPIN (avec paraphe).

(¹) (En marge.) Les cy dix livres mont esté fournis par ma sœur.

TROISIÈME PIÈCE

Reconnoissance de mon oncle Papin, sur l'allée de Noyers devant nôtre porte des Coudrais. — 1684. Closerie des Coudrais.

Je soubz^né, Denis Papin, reconnois que de mon consentement Madame des Coudrais et Isaac Papin, mon frère, fait planter une allée de noyers et autres arbres faisant vne allée devant la grande porte de sa maison aux Coudrais, dans vn heritage que nous avons en commun au planter desquels arbres je n'ay rien contribué, au moien de quoy je consens que mad. sœur et les siens appliquent à leur profit les fruits qui y pourront venir, ausquels ny moy ny les miens ne pourrons rien pretendre, sinon en payant et remboursant à mad. sœur ou les siens six liures pour la moitie de lad. avance, lequel remboursement se pourra faire toutes fois et quantes. Fait à Bloy, ce 30 aoust 1684.

PAPIN (avec paraphe).

(En marge.) Cette reconnoissance est inutille, parceque la plouze entière appartient à Mlle Papin. En vertu de la reserve que luy en fait Mr Papin, son père, dans la vente de la closerie de Mr Denis Papin à Boinier. Ce 9 septembre 1690.

———

N° 6

GÉNÉALOGIE PAJON

Il existe deux branches distinctes de cette famille célèbre.

BRANCHE DE ROMORANTIN

1. Claude PAJON, seigneur de Villaine et des Places, avocat au Parlement, épousa Louise BRACHET, le 16 mars 1563.

   Il en eut :

2. Claude PAJON, sieur de LEJUMEAU, élu à Romorantin, se maria à Madeleine LEFEBVRE, fille de Henry LEFEBVRE, apothicaire de la reine Marie de Médicis et de Marie Turmeau.

(La sœur de Madeleine LEFEBVRE est la mère de Denis Papin.)

Il eut de ce mariage plusieurs enfants dont :

3. Claude PAJON, né à Romorantin en 1626, et marié en 1670 à Catherine TESTARD, fille de TESTARD, ministre protestant à Blois, puis à Orléans, et de Esther PERREAUX.

Il était ministre protestant, exerça à Marchenoir, puis à Orléans, où il succéda à son beau-frère. Il s'est distingué dans sa communion par plusieurs traités philosophiques, et par un système sur le libre arbitre et la grâce, système connu sous le nom de *pajonisme,* et vivement combattu par JURIEU, antagoniste violent et passionné.

Entre autres ouvrages il publia une *Réponse aux préjugés légitimes contre les Calvinistes,* d'Arnaud et de Nicolle.

Il mourut le 27 septembre 1685 à Carré, près d'Orléans, quelques jours avant la révocation de l'Édit de Nantes qui l'eut probablement forcé de s'expatrier ; il laissait trois fils et deux filles ; ses deux aînés furent enlevés à sa veuve par lettres de cachet et élevés l'un au collège de Vendôme, l'autre à celui de Pont-Levoy ; le troisième qui était plus jeune, et les deux filles furent laissés à leur mère :

1. Claude PAJON, bâtonnier des avocats de Paris, avait épousé Madeleine TONLIEU, qui mourut en 1747, laissant :

    A. Henry PAJON, mort sans postérité.

    B. Suzanne PAJON, mariée à Charles KÉRET, greffier en chef criminel du Châtelet de Paris.

2. Henry PAJON devint membre de la congrégation de l'Oratoire et curé de N.-D. de la Rochelle ; c'est lui qui publia les écrits de son cousin Isaac Papin, après les avoir retouchés.

3. Jean PAJON qui suit.

4. Madeleine PAJON qui épousa Jacques PAPIN, son cousin.

5. Esther PAJON qui épousa Isaac BŒSMIER, marchand de soie

à Blois. La famille Bœsmier, protestante d'abord, fut con-
vertie à la religion catholique par M. de Berthier en 1699.

4. Jean PAJON, né à Bionne (paroisse de Saint-Jean-en-Braye, près
Orléans), le 21 juillet 1678 fut baptisé au temple, et devint avocat
à Orléans, il épousa Marguerite DAIGUE par contrat du 3 septembre 1700, il en eut :

5. Jean-Claude PAJON, conseiller du Roy, docteur régent en l'université d'Orléans, et collègue de l'illustre Pothier.

Il se maria le 28 décembre 1744, à Marie BEGON, et eut pour
fils :

6. Claude-Henry-Euverte PAJON, né à Orléans, le 22 avril 1750. Il fut
procureur du Roy à l'Hôtel-de-Ville, et garde marteau en la maî-
trise des eaux et forêts de Blois.

Il mourut en 1789 après avoir épousé N. CURÉ, d'Orléans.
Sa postérité ne subsiste que par les femmes.

BRANCHE DE BLOIS

1. Jacques PAJON vivait au XVIᵉ siècle, il épousa Esther HUGUET, et
eut :

    1. Daniel PAJON (qui suit).

    2. Isaac PAJON, né le 1ᵉʳ août 1601.

    3. Esther PAJON, mariée à P. LECLERC, élu de Romorantin,
    d'où :

        Jean LECLERC, que nous avons vu marié à Madeleine
        PAPIN, sœur de Denis PAPIN.

2. Daniel PAJON, greffier en chef de l'élection de Blois, épousa Marguerite BELON. Il en eut plusieurs enfants :

    1. Margueritte PAJON, née le 2 mai 1630, épousa Paul BAI-
    GNOUX, qualifié sieur du MOUSSEAU, sur le contrat de Made-
    leine PAPIN, en 1661, sur lequel il signa comme témoin.

    2. Daniel PAJON (qui suit, branche aînée).

    3. Denis PAJON, né le 11 mars 1634.

4. Jacques Pajon, né le 3 février 1635.

5. Gaspard Pajon (qui suit, — branche cadette).

6. Esther Pajon, née le 17 avril 1637.

BRANCHE AINÉE

3. Daniel Pajon, né le 9 décembre 1631, docteur en médecine. Il épousa Marguerite Orguelin des Moutées, d'où :

    1. Isaac Pajon, né le 30 juin 1674, mort le 25 décembre 1674.

    2. Jacques Pajon, né le 9 mars 1676, mort le 2 novembre 1676.

    3. Gaspard Pajon (qui suit).

    4. Abraham Pajon, docteur en médecine, épousa Marie-Anne Huetteau, d'où :

        A. Louis-Isaac Pajon, ministre protestant à Berlin, qui épousa Henriette Ogier.

        B. Pierre-Abraham Pajon, escuyer, sieur des Moutées, docteur de la faculté de médecine de Paris, qui épousa Jeanne Lerou.

    5. Marguerite Pajon, née le 8 avril 1680.

    6. Madeleine Pajon, née le 4 septembre 1681, morte le 11 octobre 1681.

4. Gaspard Pajon, capitaine au service de l'Angleterre, épousa Louise Favereau, il en eut :

5. N. Pajon qui, établi en Angleterre, épousa une Écossaise, dont il eut un fils et trois filles.

BRANCHE CADETTE

3. Gaspard Pajon, sieur des Guillonnières, greffier en chef de l'élection de Blois, naquit le 12 juin 1642, et épousa Sara Chesnon, fille de Salomon Chesnon qui, née en 1646, survécut à son mari. Il mourut le 11 janvier 1682, laissant :

    1. Daniel Pajon, né le 12 décembre 1670.

    2. Pierre Pajon, né le 21 décembre 1675. Il épousa Catherine Martin, à la mort de laquelle, sur la demande de son beau-

frère, une sentence du présidial du 4 août 1715, prononça
la séparation de biens contre lui pour cause d'inconduite
et de dissipation. Ses enfants sont :

    A. Pierre-Guillaume PAJON, né le 16 octobre 1715, mort
      le 22 novembre 1726.

    B. Catherine-Marguerite PAJON, née le 5 juin 1717.

    C. Catherine PAJON, née le 12 septembre 1719, morte
      le 29 juillet 1721.

    D. Henry PAJON, né en 1722, 16 juin 1724.

3. Jacques PAJON (qui suit).

4. Michel PAJON, né le 2 mars 1680, mort le 6 juillet 1680.

5. Marguerite PAJON, née le 28 septembre 1686, morte le 26
   novembre 1686.

6. Anne PAJON, épousa Nicolas BRY, greffier criminel du siège
   présidial de Blois, dont elle eut plusieurs enfants, entre
   autres :

     Marie-Catherine BRY, mariée à Jacques RENARD, or-
     fèvre à Blois qui, à sa mort, se maria en secondes noces
     le 19 avril 1683, à Catherine BELLAY, fille de Char-
     lemagne BELLAY et de Catherine PAPIN. Il en eut une
     fille unique.

7. Catherine PAJON, baptisée le 16 mars 1684.

4. Jacques PAJON, sieur de VILLEVRY, épousa en l'église Saint-Honoré,
le 7 janvier 1709, Marguerite CHARTIER, qui lui donna :

5. Jacques PAJON, receveur de l'Hôtel-Dieu qui, marié le 31 janvier
1736, dans l'église Saint-Solemne, à Catherine de la ROCHE-MACE,
et veuf le 5 février 1802, eut deux fils :

   1. Jacques-François PAJON, né à Blois, le 23 septembre 1741,
    baptisé à Saint-Solemne, et mort à Chambon en 1820, sans
    alliance.

   2. Charles PAJON (qui suit).

6. Charles PAJON de la CHAMBAUDIÈRE, né à Blois, en 1747, fut
d'abord avocat dans cette ville, substitut du procureur général au

Conseil supérieur de Blois, puis nommé au scrutin membre de la cour de cassation, en 1795, haute fonction qu'il exerça jusqu'à sa mort arrivée en 1826.

Il avait épousé à Blois, paroisse Saint-Honoré, le 25 septembre 1770, Marthe PETIT de la MALARDIÈRE qui, née à Blois en 1743 et morte à Paris en janvier 1813, était la sixième fille de Claude-Henry PETIT de la MALARDIÈRE, conseiller du Roy, assesseur de la maréchaussée de France à Blois, prévôt royal de Chambord.

De ce mariage naquit :

A. Eugénie PAJON de la CHAMBAUDIÈRE, née à Blois et baptisée paroisse Saint-Honoré, le 7 novembre 1780 et mariée à N. VINET, dont elle eut :

Charles-Ernest VINET, magistrat qui vivait célibataire à Paris, en 1840.

Le 15 octobre 1779.

Brevet d'une pension de 30 livres accordée par le Roy à Charles Pajon pour le récompenser de ses services comme substitut du procureur général du cidevant conseil supérieur établi dans cette ville et déjà supprimé (1).

N° 7

Extraits d'un procès-verbal d'adjudication des biens saisis sur des protestants absents du royaume (17 mai 1687)

Premièrement, le bien et closerie assis aux Coudrets, paroisse de Chistenay, appartenant aux enfants du sieur Isaac PAPIN et sa veufve, sortis du royaulme, consistant en une grande maison de...........

....

(1) N° 277. Bibl. communale de Blois. Catalogue d'une collection de pièces anciennes achetées en 1867.

Et premièrement la clozerie des Coudrets, paroisse de Chistenay, appartenant ausdits enfants Papin.

Et à l'instant de laquelle proclamation servit — intervenu le sieur Jean Boesmier, marchant demeurant au bas bourg Saint-Jean-les-Blois, au nom et comme fondé de procuration, ainsy qu'il a dit, de damoiselle Jeanne Papin, l'un des enfants [du] sieur Papin, lequel nous a demonstré que laditte damoiselle est sortie du royaulme de l'année 1682 pour aller en Brandebourg où elle est auprès de la dame de PELVIS, veuve du grand écuyer de Mons. l'Électeur de BRANDEBOURG, où elle demeure encore à présent ; que par brevet de Sa Majesté du 12 octobre 1685, sur la supplication à elle faitte par le sieur Spanhein, envoyé du sieur Électeur de Brandebourg près de sa ditte Majesté, elle a permis à laditte damoiselle de demeurer en laditte province ; et que par partage fait entre procureur pour elle et ses frères et sœur [s] devant ledit MALESCOT, notaire en cette ville le 4 novembre 1685, la moitié de ladite clozerie luy est eschue ; requiert qu'il nous plaise luy en faire distinction [sur] la représentation qu'il nous fait dudict brevet.

Sur quoy, après que ledict BOESMIER nous amis ledict brevet entre les mains, avons ordonné que dans la huictaine il sera fait droit sur la distinction par luy requise, et que cependant les enchères seront présentement receues sur l'autre moitié appartenant à Marguerite PAPIN, sœur de laditte Jeanne PAPIN, sortie du royaulme depuis les deffenses portées par les édits de Sa Majesté, laquelle dernière moitié a été mise à prix aux conditions cy dessus.

(Cette moitié a été adjugée au sieur Boesmier, moyennant deux cents livres).

Autre Procès-Verbal du 24 Mai 1687

Et le lundy 24 desdicts mois et an, à laditte heure de deux heures de relevée, en l'hostel et par devant nous, commissaire susdit, s'étant présenté plusieurs particuliers habitants de cette ville et d'ailleurs, pour enchérir les fermes desdicts biens, avons par nostre dict greffier fait faire lecture de la déclaration d'iceux et des charges auxquelles les adjudications en seront par nous faittes, et ensuite fait proclamer par Manot, huissier, le bien et clozerie des Coudrets, paroisse de Chistenay, appartenant aux demoiselles Papin, filles sorties du royaulme, aux réserves portées par la declaration d'iceluy, à laquelle proclamation serait compareu le sieur Isaac BOESMIER, marchand en cette ville, lequel nous a remonstré que lundy dernier, procédant auxdicts baux, il nous auroit requis distraction de la moitié dudict bien appartenant à Jeanne Papin, l'une des dictes filles, et à elle eschen par le partage fait entre elle et ses frères et sœurs devant MALESCOT, notaire, le 4 novembre 1684, au moyen de ce que Sa Majesté, par son brevet du 12 octobre de laditte année 1685 luy a permis de demeurer en Allemagne où elle est dès l'année 1682 auprès de la dame de PELVIS, veufve du Grand Écuier de Mons. l'Électeur de Brandebourg. Et l'a sa ditte Majesté relevée de la rigueur de ses édits, duquel réquisitoire luy aurions lors donné acte et ordonné qu'il y serait par nous fait droit ce jourd'huy, requérant l'exécution de notre ditte ordonnance, et que distinction luy soit aussy faite des vins recueillis l'année dernière es vignes de ladite clozerie encore de présent dans le cellier d'icelle.

Sur quoy, veu le brevet donné à Fontainebleau ledit jour 12 octobre de 1865, signé LOUIS et plus bas COLBERT, par lequel Sa Majesté, à la supplication du sieur de SPANHEIN, envoyé extraordinaire de Mons. l'Electeur de BRANDEBOURG, a permis à laditte Jeanne PAPIN de continuer sa demeure près de laditte dame de PELVIS et l'a relevée et dispensée de la rigueur de ses ordonnances, copie signée MALESCOT, notaire dudict partage, par laquelle appert que la moitié de la clozerie indivisée avec Margueritte PAPIN, sa sœur, luy est eschene, la procuration de ladite Jeanne PAPIN audict sieur BOESMIER pour le gouvernement de ses affaires, passée devant Benoist REHST, juge ordinaire du Friderich (*werder gratier*), de la « résidence de sa serenité Electoralle de Brandebourg, le 23 juillet 1686. »

Nous avons en premier lieu ordonné que ledict brevet et partage et procuration seront enregistrez au greffe de nostre commission pour y avoir recours quand besoin en sera, et en second lieu, sous le bon plaisir du Roy, fait distinction à laditte Jeanne Papin de la moitié de laditte clozerie, permis à elle ou à ceux qui auront son pouvoir d'en percevoir les fruits et revenus tant qu'il plaira à sa Majesté, en contribuant par elle au payement de la pension de Magdeleine Papin, sa mère et à la moitié des reparations des batimens, fassons de vignes, fosses, fumiers et autres dépenses nécessaires pour l'entretien et conservation dudict bien, comme aussy luy avons fait distinction de la moitié des vins recueillis ès dites vignes l'année dernière, permis à elle de recevoir la moitié du prix d'iceluy après la vente qui sera faite du total, sans qu'elle ne puisse autrement disposer. Fait et donné.

Signé : Boesmier, Rogier, Malescot.

Et ledict jour et à l'instant, avons, par ledit Massot, fait proclamer l'aultre moitié de laditte clozerie appartenante à laditte Margueritte Papin sur l'enchère de deux cents livres mise en dernier à icelle par ledit Boesmier, laquelle a esté enchérie

Par le sieur François Imbert à deux cent cinq livres.

Par le sieur Gédéon Charles, à deux cent dix livres.

Par ledict sieur Imbert à deux cent quinze livres.

Par le sieur Guilly, procureur à deux cent vingt livres.

Par ledict sieur Charles à deux cent trente livres.

Par ledict sieur Imbert à deux cent quarante livres.

Par ledict Guilly à deux cent cinquante livres.

Par ledict Charles à deux cent soixante livres.

Par ledict Imbert à deux cent soixante-cinq livres.

Et finallement par ledict Charles à deux soixante-dix livres.

Sur quoy, et après avoir longtemps attendu et qu'il ne s'est trouvé plus hault enchérisseur que ledict sieur Charles, luy avons adjugé la ditte moitié de closerie, appartenant à la demoiselle Margueritte Papin, pour en jouir par luy aux charges, closes et conditions à commencer du jour de Toussaint dernier jusques à trois ans entiers et consé-cutifs..... moyennant laditte somme de deux cent soixante-dix livres de ferme chacun an, payable es mains dudit Malescot audit jour de Toussaint à commencer audit jour prochain, et pour seureté d'icelle bailler bonne et suffisante caution deuement certifiée dans huit jours faire délivrer audict Malescot la grosse des présentes dans ledict tems et satisfaire aux autres conditions, le tout par corps, à quoy l'avons condamné de son consentement. Fait et donné :

Charles, Rogier. Malescot.

AUTRE PIÈCE

Extrait d'un jugement rendu le 11 mars 1689, par François-René ROGER, sieur de la MOTHE, délégué de l'intendant de la généralité d'Orléans, sur le fait des biens des protestants de Blois, sortis du royaulme, et de *ceux non encore convertis.*

. . . . Et le unzième jour de mars l'an mil six cent quatre-vingt-neuf, par devant nous commissaire susdict, est comparu en personne Marie MARCHAIS, femme de Pierre BELLIN, demeurant en la paroisse de Pont-Levoy, la quelle sur la saisie faite entre leurs mains, en vertu de notre ordonnance, par MESLAND, huissier, le 9 février dernier, de ce qu'ils doivent au dict sieur SCOFFIER, a dit qu'ayant constitué vingt-cinq livres de rente rachetables de 500 libres à dame Magdeleine PAJON, veuve de noble homme Isaac PAPIN, elle avait cédé la dicte rente au dict sieur SCOFFIER, en faveur de son mariage avec la ditte Marie PAPIN, sa fille . . . .

Nᵒ 8

Contrat de mariage de Marie Papin et de Ignace Frère de la Ragoterie (1)

28 avril 1727.

Furent présent François FRÈRE de la RAGOTTERIE, sieur de BEAU-VAIS, demeurant à Beauvais, paroisse de Saint-Léger-de-Montbrun,

(1) Cette pièce provient des archives de Mᵉ Dupou, notaire à Blois, qui a bien voulu nous la communiquer.

en Poitou, étant ce jour audict Blois, fils de deffunct sieur Pierre-Ambroise FRÈRE, vivant avocat ducal au siége subalterne de Thouars et de deffuncte dame Marie-Françoise de MONBROLLE, son épouse, ses père et mère, d'une part. Et damoiselle Marie PAPIN, fille de deffunct noble homme Paul PAPIN, seigneur de Coudrais et de deffuncte dame Anne VIART, son épouse, ses père et mère demeurant au dict Blois, paroisse de Saint-Solemne, d'autre part. Icelle damoiselle Marie PAPIN, mineure émancipée et procédante sous l'authorité du sieur Henry PAJON, bourgeois de Blois, son curateur aux causes et actions demeurant au dict Blois et présent. Lesquelles parties en présence et de l'avis de bons parents et amis cy près, sçavoir de la part du dict sieur François FRÈRE, de sieur Charles LEBÉ de CHAVIGNE, son cousin, demeurant au dict lieu de Chavigné, paroisse de Saint-Martin-de-Macon, en Poitou, et de la part de ladite damoiselle Marie PAPIN, de dame Anne PAPIN, fille, la sœur aînée de Jacques de MALIVERNÉ, de dame Françoise PAPIN son épouse, sœur de la ditte dame Marie PAPIN; du sieur Charles GENDRIER, marchand à Blois, de dame Magdeleine-Marguerite PAPIN, son épouse, aussy sa sœur; de dame Susanne PAPIN, fille; aussy sa sœur; dudict Henry PAJON, son curateur et cousin dudict au troisième degré du costé paternel du sieur Henry, Ursulle, Marie et Anne PAJON, estant dudict sieur Henry PAJON, cousins et cousines; du sieur Pierre BOESNIER, marchand à Blois, cousin issu de germain du costé paternel de dame Marie, son épouse; du sieur Pierre, de damoiselles Marie-Anne, Anne, Suzanne BOESNIER, enffans desdicts sieur et dame BOESNIER; dudict Charles VIET, bourgeois; de dame Élisabeth de MARTIGNAN, cousine du trois ou quatrième degré du costé paternel; du sieur Jacques ROGER, marchand à Blois, de dame Suzanne BOESNIER, son épouse, cousine issu de germain du sieur Pierre PAJON, bourgeois de Blois, cousin; de dame Catherine MARTIN, son épouse; du sieur Jacques PAJON, aussy bourgeois de Blois, aussy cousin de dame Marguerite CHARTIER son épouse; de messire Jean FERRAND, procureur aux bailliage et siège présidial de Blois, et dame Marguerite PAJON,

son épouse aussy cousins, tous demeurant au dict Blois et parens du
costé paternel et de plusieurs autres soussignés.

Cognurent et confessèrent avoir fait entre elles le présent traité de
mariage aux dots, dons, douaires et conventions qui suivent c'est asca-
voir que les dits sieur François FRÈRE et damoiselle Marie PAPIN de la
vie que dessus ont promis se prendre l'un à l'autre en mariage, sitôt
que l'un en requiera l'autre, les solemnités de l'Église observées pour
estre une et commune en tous biens meubles aquets et conquests immeubles qu'ils auront et feront ensemble pendant leur futur mariage,
suivant la coutume du bailliage de Blois, au désir de laquelle leur
ditte communauté sera régie et gouvernée et à laquelle les dits sieur
et damoiselle futurs se soumestent pour l'exécution du présent contract
de la communauté de biens et de toutes les clauses et conditions ci
contenues et mentionnées voulans qu'elle soit réglée et gouvernée suivant la ditte coutume, dérogeans et renonçans à leur fin, les dits futurs,
à toutes coutumes contraires à ces présentes, encore que les dits futurs
fassent leur domicille et demeure hors d'icelle coutume de Blois et
qu'ils fassent des acquisitions en d'autres coutumes qui auront des dispositions contraires à la ditte coutume de Blois, auxquelles les dits futurs
ont expressément renoncés, sans néanmoins estre tenus des debtes l'un
de l'autre faites et créées avant leur dit mariage, s'il y en a elles seront
acquittées par celui qui les aura faites et créées et sur son bien sans
que l'un soit tenu des debtes de l'autre n'y mêmes de la ditte communauté par lequel mariage faisant les dits sieur et damoiselle futurs se
sont pris en leurs biens et droits telles qu'ils leur appartiennent des successions de leur père et mère sçavoir, ceux de la ditte damoiselle future,
en meubles et effets mobiliers de la valeur de la somme de quatorze
cents livres suivant l'estimation qui en a été faite par les dittes parties,
par personnes dont elles sont convenues, provenant de la succession de
ses père et mère, ainsy qu'il est porté par le partage fait des biens de
leurs successions entre la ditte damoiselle future et les dittes sœurs et
damoiselle, ses frère et sœur, reçeu devant le dit Mᵉ Gentils et son confrère, notaires royaux, le douze juin mil sept cent-vingt-cinq, plus en

la moitié du lieu et closerie, seize aux Coudrays, paroisse de Chitenay,
près Blois, à elle échue par les dits partage, plus en la moitié d'une
maison seize au dit Blois, et rue des degrés de Saint-Solemne et des Pape-
gaults, plus en cent sols de rente deubs par Boullay, plus en quatre-
vingts livres de principal deubs par les Bosseray, et en vingt-cinq sols
de rente foncière deubs par les Laurent et les Balignand au dit sieur
futur, sera tenu de faire faire un estat et inventaire de tous ses effets
mobiliers, le dit estat sera signé des dits futurs et sera rapporté pour
estre annexé à ces présentes, desquels biens et droits en entrera en chacune part à la dite communauté, a commencé par les effets mobiliers
et subordinations sur les immeubles et entrera de chacune en la ditte
communauté, la somme de trois mille livres jusques à concurrence de
laquelle les immeubles demeureront ameublis en la ditte communauté,
et du conquest pour parfaire ce qui manquera d'effets mobiliers icelle
composé la ditte communauté, quant au surplus de leurs biens meubles
et immeubles leur demeurant propre respectivement et à leurs héritiers
chacun de leur côté ligué le survivant des dits sieur et damoiselle future
prendra par préciput de aucun partage des biens de la ditte communauté et sur icelle sçavoir, le dit sieur futur tous ses habits, linges,
armes et cheval, la ditte damoiselle future ses habits, linge, bagues et
joyaux, chacun à leur usage jusqu'à concurrence de mille livres ou la
ditte somme au choix du dit survivant et à le dit sieur futur donné et
donne la ditte damoiselle future épouse, pourvu qu'elle le suive, de la
somme de dix mille livres pourvu que du dit mariage à la dissolution
d'iceluy il n'y ayt aucuns enffants vivans, et s'il y en a un ou plusieurs
le revenu de la somme de cinq mille livres seulement, le tout du douaire
profit et unité, et une fois payé à l'avoir et prendre en l'un et l'autre
des dits cas sitôt qu'il aura levé sur la part et portion des biens de la
ditte communauté qui appartiendra ou aux enffants ou héritiers du dit
futur après partage ou d'icelle, si icelle suffit, sinon pour ce qui en
manquera sur les propres du dit sieur futur, lequel douaire en l'un et
l'autre des dits cas demeurera propre à la ditte future épouse à toujours
sans estre sujet à rapport n'y retour nonobstant toute coutume contraire

à la présente stipulation, auxquelles coutume les parties renoncent, a
été convenu que si pendant le dit futur mariage estoit vendu, aliéné ou
racheplé aucuns héritage ou rente propres à l'un ou l'autre des dits
futurs époux les deniers en provenant layz et acquisitions d'autres héritages ou rentes venue à la garde de la ditte damoiselle future pour sortir
pareille nature, de propre au profit d'iceluy ou d'icelle du costé et
légué d'au procéderont les dits héritages ou rentes aliénés, et si lors
de la dissolution du dit mariage le dit remploi ne se trouve faict les
deniers seront repris sur la communauté si elle suffit, si non pour ce
qui en manquera à la garde de la damoiselle future sur les propres du
dit sieur futur époux, laquelle reprise et l'action d'icelle demeure propre
et immobilier à celuy ou à celle et à qui elle appartient et appartiendra
et au sieur de son costé et lignée.

Toutes successions immobilières et dont legs avantages immobiliers
qui seront faits à l'un ou l'autre des dits futurs leur demeureront respectivement propre et à chacun de leur costé et lignée, du costé desquelles les dittes successions dont les legz viendront et seront faits.

Arrivant à la dissolution du dit mariage serait permis à la ditte damoiselle future et à ses enffants du présent mariage, de revenir à la ditte
communauté se faisant, de reprendre tout ce que la ditte damoiselle
future aura apporté au dit mariage avec tout ce qui leur sera echu et
advenu par succession, donation ou autrement, et aura la ditte damoiselle future ses douaire et préciput ci-dessus, le tout franc et quitte de
toutes debtes de la ditte communauté encore que d'icelle future y fut
obligée ou condamnée, dont elle et ses dits enffants seront acquittés par
et sur les biens du dit futur, pourquoi elle aura hypothèque sur iceux
de ce jour, car ainsy a été accordé entre les dittes parties comparantes
et contractantes sans suittes, lesquelles conditions et clauses cy-dessus,
les dittes présentes n'eussent point esté passées, lesquelles présentes et
conditions ci-dessus apposées, les dittes parties s'obligent d'exécuter et
grever et hypothéquer tous leurs biens présents et futurs promettant et
obligeant et passé au dit Blois, demeure de la ditte future, l'an mil sept

cent-vingt-sept, après midy, et ont les dits sieur et damoiselle signés.

François Frère, M. Papin, C. Labé, A. Papin, J. de Maliverné, Mme Margueritte Papin, Gendrier, Ruard, Gendrier, Charles, Bœsnier fils, Martin femme Pajon, Papin, de Montigny, M. Bœsnier, A. Bœsnier, P. Bœsnier, S. Bœsnier, L. Bœsnier, J. Roger, Pajon, H. Papin, M. Gaignat, Chartier, illisible, E. de Martaignan, L. Pajon, 3me Pajon, S. Dutens, M. Lafoy, Élisabeth Lorieux, Françoise Leroy, M. Pajon, J. Fervaud, E. Guignace, A. Pajon, Françoise Lafoy, C. Viet, M. Viet, M. Pajon, Pajon, Bourget, Dufour, M. Chartier, Vauleart, Bigault, Bernard, Amyot, Amyot, Gentils.

TABLE ALPHABÉTIQUE

DES NOMS DE FAMILLE CONTENUS DANS LA
PRÉSENTE GÉNÉALOGIE

---

(1) C'est par erreur que dans le texte nous avons mis VAUQUIER ; malgré la mauvaise conservation du Registre de Saint-Honoré on lit plus facilement VAUQIER que VAUTHIER, mais d'autres actes de baptêmes de cette famille nous donnent Gilles VAUTHIER.

TABLEAU GÉNÉALOGIQUE
DE LA FAMILLE PAPIN

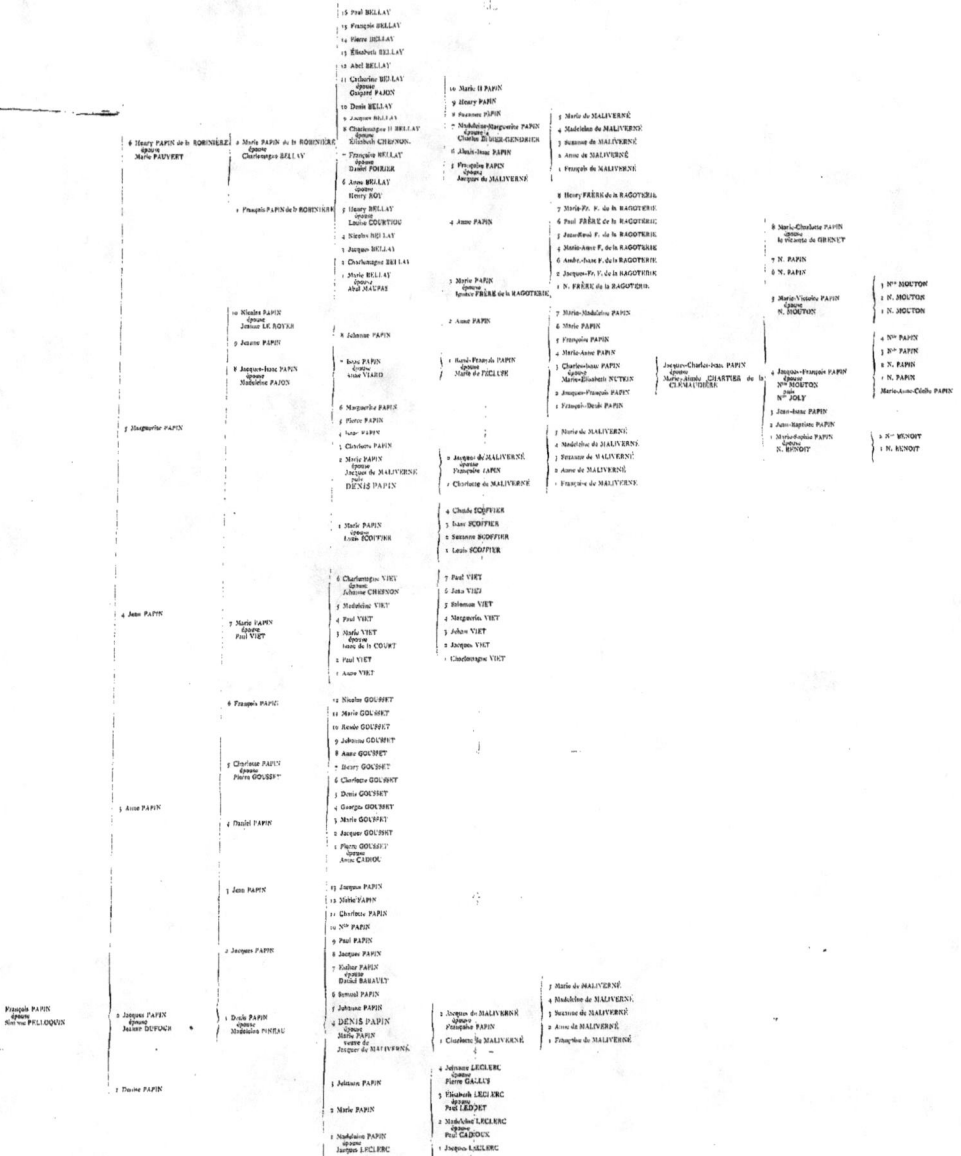

15 Paul BELLAY
14 François BELLAY
13 Pierre BELLAY
12 Élisabeth BELLAY
11 Catherine BELLAY
  épouse
  Gaspard PAPIN

10 Denis BELLAY

9 Jacques BELLAY

8 Charlemagne II BELLAY
  épouse
  Élisabeth CHENON

7 Françoise BELLAY
  épouse
  Daniel POIRIER

6 Anne BELLAY
  épouse
  Henry ROY

10 Marie II PAPIN

9 Henry PAPIN

8 Suzanne PAPIN

7 Madeleine-Marguerite PAPIN
  épouse
  Charles II DIER-GENDRION

6 Alexis-Jean PAPIN

5 François PAPIN
  épouse
  Jacques de MALIVERNÉ

5 Marie de MALIVERNÉ
4 Madeleine de MALIVERNÉ
3 Simonne de MALIVERNÉ
2 Anne de MALIVERNÉ
1 François de MALIVERNÉ

6 Henry PAPIN de la ROBINIÈRE
  épouse
  Marie PAUVERT

5 Marie PAPIN de la ROBINIÈRE
  épouse
  Charlemagne BELLAY

4 Charlemagne II BELLAY
  épouse
  Élisabeth CHENON

5 François PAPIN de la ROBINIÈRE

5 Henry BELLAY
  épouse
  Louise COURTIOU

4 Nicolas BELLAY
3 Jacques BELLAY
2 Charlemagne BELLAY
1 Marie BELLAY
  épouse
  Abel MAUPAS

8 Henry FRÈRE de la RAGOTERIE
7 Marie-Fr. F. de la RAGOTERIE
6 Paul FRÈRE de la RAGOTERIE
5 Jean-René F. de la RAGOTERIE
4 Marie-Anne F. de la RAGOTERIE
3 André-Jean F. de la RAGOTERIE
2 Jacques-Fr. F. de la RAGOTERIE
1 N. FRÈRE de la RAGOTERIE

8 Marie-Charlotte PAPIN
  épouse
  le vicomte de GRENET
7 N. PAPIN
6 N. PAPIN
5 Marie-Victoire PAPIN
  épouse
  N. MOUTON

7 Mlle MOUTON
  N. MOUTON
  N. MOUTON

4 Anne PAPIN

4 Anne PAPIN

3 Marie PAPIN
  épouse
  Isaac FRÈRE de la RAGOTERIE

7 Marie-Madeleine PAPIN
6 Marie PAPIN
5 François PAPIN
4 Marie-Anne PAPIN
3 Charlemagne PAPIN
  épouse
  Marie-Élisabeth NUTION
2 Jacques-François PAPIN
1 François-Denis PAPIN

Jacques-Charles-Jean PAPIN
Marie-Aimée CHARTIER de la CLÉMAUDIÈRE

8 Jacques-François PAPIN
  épouse
  Mlle MOUTON
  puis
  Mlle JOLY

6 Nlle PAPIN
5 Nlle PAPIN
4 N. PAPIN
Marie-Anne-Cécile PAPIN

10 Nicolas PAPIN
  épouse
  Jeanne LE ROYER

9 Jeanne PAPIN

8 Jeanne PAPIN

9 Jacques-Isaac PAPIN
  épouse
  Madeleine PAJON

7 Isaac PAPIN
  épouse
  Anne VIARD

6 Marguerite PAPIN
5 Pierre PAPIN
4 Isaac PAPIN
3 Charlotte PAPIN
2 Marie PAPIN
  épouse
  Jacques de MALIVERNÉ
  puis
  DENIS PAPIN

1 René-François PAPIN
  épouse
  Marie du PRÉ-LUPÉ

5 Marie de MALIVERNÉ
4 Madeleine de MALIVERNÉ
3 Simonne de MALIVERNÉ
2 Anne de MALIVERNÉ
1 François de MALIVERNÉ

3 Marguerite PAPIN

1 Marie PAPIN
  épouse
  Louis BODIVIER

4 Claude BODIVIER
3 Isaac BODIVIER
2 Suzanne BODIVIER
1 Louis BODIVIER

6 Charlemagne VIET
  épouse
  Johanne CHENON

5 Madeleine VIET
4 Paul VIET
3 Marie VIET
  épouse
  Isaac de la COURT
2 Paul VIET
1 Anne VIET

5 Paul VIET
4 Jean VIET
3 Solomon VIET
2 Marguerite VIET
1 Johan VIET
2 Jacques VIET
1 Charlemagne VIET

4 Jean PAPIN

7 Marie PAPIN
  épouse
  Paul VIET

6 François PAPIN

5 Charlotte PAPIN
  épouse
  Pierre GOUSSET

12 Nicolas GOUSSET
11 Marie GOUSSET
10 Renée GOUSSET
9 Johanne GOUSSET
8 Anne GOUSSET
7 Henry GOUSSET
6 Charlotte GOUSSET
5 Denis GOUSSET
4 Georges GOUSSET
3 Marie GOUSSET
2 Jacques GOUSSET
1 Pierre GOUSSET
  épouse
  Anne CADIOU

5 Anne PAPIN

4 Daniel PAPIN

3 Jean PAPIN

13 Jacques PAPIN
12 Nlle PAPIN
11 Charlotte PAPIN
10 Nlle PAPIN
9 Paul PAPIN
8 Jacques PAPIN
7 Esther PAPIN
  épouse
  Daniel BRAULT
6 Samuel PAPIN
5 Johanne PAPIN

2 Jacques PAPIN

4 DENIS PAPIN
  épouse
  Marie PAPIN
  veuve de
  Jacques de MALIVERNÉ

2 Jacques de MALIVERNÉ
  épouse
  Françoise PAPIN

5 Marie de MALIVERNÉ
4 Madeleine de MALIVERNÉ
3 Suzanne de MALIVERNÉ
2 Anne de MALIVERNÉ
1 Françoise de MALIVERNÉ

1 Charlotte de MALIVERNÉ

François PAPIN
  épouse
  Née née PELLOQUIN

2 Jacques PAPIN
  épouse
  Jeanne DUFOUR

1 Denis PAPIN
  épouse
  Madeleine PINEAU

3 Johanne PAPIN

2 Marie PAPIN

1 Madeleine PAPIN
  épouse
  Jacques LECLERC

4 Johanne LECLERC
  épouse
  Pierre GALLUS
3 Élisabeth LECLERC
  épouse
  Paul LEDJET
2 Madeleine LECLERC
  épouse
  Paul CADIOU
1 Jacques LECLERC

1 Denis PAPIN

* 9 7 8 2 0 1 2 5 9 1 7 2 1 *